Vente des Lundi 23, Mardi 24, Mercredi 25 et Jeudi 26 Mai 1910

HOTEL DROUOT — SALLE N° 8

CATALOGUE

DE LA

BIBLIOTHÈQUE

DE FEU

Mˡ A.-V. LESPERON D'ANFREVILLE

Caissier Principal Honoraire de la Banque de France,
Chevalier de la Légion d'Honneur,
Commandeur de l'Etoile de Roumanie, etc., etc.
Membre de la Société des Amis des Livres,
des Cent Bibliophiles, des XX,
et du Livre Contemporain.

QUATRIÈME PARTIE

OUVRAGES ANCIENS — LIVRES EN TOUS GENRES

Littérature, Histoire, Numismatique, etc.

PARIS

A. DUREL

Libraire du Ministère de la Justice
21, RUE DE L'ANCIENNE-COMÉDIE, 21
9 ET 11, PASSAGE DU COMMERCE (VIᵉ ARR.)

1910

CATALOGUE

DE LA

BIBLIOTHÈQUE

DE FEU

Mr A.-V. LESPERON D'ANFREVILLE

QUATRIÈME PARTIE

LA VENTE AURA LIEU

LES 23, 24, 25 ET 26 MAI 1910

A deux heures de l'après-midi

HOTEL DES COMMISSAIRES-PRISEURS, 9, RUE DROUOT

Salle n° 8, au premier étage

Par le Ministère de Me ANDRÉ DESVOUGES, Commissaire-Priseur

Successeur de Mr MAURICE DELESTRE

26, Rue de la Grange-Batelière, 26 (IXe)

Assisté de M. A. DUREL, Libraire-Expert

21, Rue de l'Ancienne-Comédie, 9-11, Passage du Commerce (VIe)

☞ *Voir l'ordre des Vacations à la fin du Catalogue.*

CONDITIONS DE LA VENTE

La vente se fera au comptant.

Les acquéreurs paieront **10 p. 100** en sus des adjudications.

Les livres devront être collationnés dans les vingt-quatre heures de l'adjudication. Passé ce délai, ils ne seront repris pour aucune cause.

M. A. DUREL, **chargé de la vente, remplira aux conditions d'usage, les commissions des personnes qui ne pourraient y assister.**

M. A. DUREL **se réserve la faculté, dans l'intérêt de la vente, de réunir ou de diviser les numéros du Catalogue.**

CATALOGUE

DE LA

BIBLIOTHÈQUE

DE FEU

Mʳ A.-V. LESPERON D'ANFREVILLE

Caissier Principal Honoraire de la Banque de France.
Chevalier de la Légion d'Honneur,
Commandeur de l'Étoile de Roumanie, etc., etc.
Membre de la Société des Amis des Livres,
des Cent Bibliophiles, des XX,
et du Livre Contemporain.

QUATRIÈME PARTIE

OUVRAGES ANCIENS - LIVRES EN TOUS GENRES

Littérature, Histoire, Numismatique, etc.

PARIS

A. DUREL

Libraire du Ministère de la Justice

21, RUE DE L'ANCIENNE-COMÉDIE, 21

9 ET 11, PASSAGE DU COMMERCE (VIᵉ ARR.)

1910

CATALOGUE

DE LA

BIBLIOTHÈQUE

DE FEU

Mʳ A.-V. LESPERON D'ANFREVILLE

QUATRIÈME PARTIE

OUVRAGES ANCIENS

1. **Abot de Bazinghen.** Traité des monnoies et de la juridiction de la Cour des monnoies, en forme de dictionnaire. *A Paris, chez Guillyn,* 1764, 2 vol. in-4, veau brun. (*Rel. anc.*).

2. **Admirables** (Les) secrets d'Albert le Grand, contenant plusieurs traités sur la Conception des femmes, sur les vertus des herbes, des pierres précieuses et des animaux, augmentés d'un abrégé curieux de la physionomie et d'un préservatif contre la peste, les fièvres, etc. *A Lyon, chez les Héritiers de Beringos Fratres,* 1793, pet. in-12, fig., demi-rel. bas., fil. (*Rel. anc.*).

3. **ANACRÉON**, Sapho, Bion et Moschus, traduction nouvelle en Prose, suivie de la Veillée des Fêtes de Vénus et d'un choix de pièces de différents auteurs par M. M*** C** (Moutonnet de Clairfond). *A Paphos et à Paris chez Le Boucher,* 1773, in-8, front. et vig. veau marb., tr. marb. (*Rel. anc.*).

1 Frontispice, 12 vignettes et 13 culs-de-lampe, par Eisen, gravés par Massard.

4. **Anacréon**, Sapho, Bion et Moschus, traduction nouvelle en Prose, suivie de la Veillée des Fêtes de Vénus et d'un choix des pièces de différens auteurs par M. M*** C** (Moutonnet de Clairfond). *A Paphos et se trouve à Paris, chez J.-Fr. Bastien*, 1780, in-8, fig., veau. *(Rel. anc.).*

> 2 frontispices par Eisen, gravés par Massard et Duclos, 12 vignettes et 13 culs-de-lampe par Eisen, gravés par Massard.

5. **ARIOSTE**. Roland furieux, poëme héroïque de L'Arioste. Traduction nouvelle par M. d'Ussieux. *A Paris, chez Brunet*, 1775-1783, 4 vol. in-8, fig. veau porphyre, dos ornés, tr. dor. *(Rel. anc.).*

> 1 portrait, **92 figures avant la lettre** dont 44 de l'édition en italien et 46 nouvelles par Cochin et 2 par Moreau, gravées par De Launay, Lingée et Ponce.

6. **Arnaud** (M. d'). Fanni, ou la Nouvelle Paméla. — Clara, ou le retour à la Vertu récompensé. — Lucie et Mélanie ou les deux Sœurs généreuses. — Lulie ou l'Heureux Repentir. *A Paris, chez l'Esclapart et la Veuve Duchesne*, 1767, 4 parties en 1 vol in-8, fig. veau marb. *(Rel. anc.)*

> 4 vignettes sur les titres par Quéverdo gravées par Martinet, 4 figures hors texte, 48 vignettes par Eisen et gravées par de Ghendt, Née, de Longueil.

7. **ARTAGNAN** (d'). Mémoires de M. d'Artagnan, Capitaine-Lieutenant de la première Compagnie des Mousquetaires du Roi, contenant quantité de choses particulières et secrètes qui se sont passées sous le Règne de Louis-le-Grand. *A Cologne, chez P. Marteau*, 1701, 3 vol. in-12 veau, tr. jasp. *(Rel. anc.).*

> Mémoires devenus rares et où Alexandre Dumas a trouvé « Les Trois Mousquetaires ».

8. **Art** (L') de rendre les femmes fidelles par M***. *A Paris, chez la veuve Lainé et à Versailles, chez Raphael Coral.*, 1713, in-12, veau brun. *(Rel. anc.).*

9. **Bannier** (L'abbé). La Mythologie et les Fables expliquées par l'histoire, par l'abbé Bannier. *A Paris, chez Briasson*, 1738, 3 vol. in-4, veau, tr. dor. *(Rel. anc.).*

10. **Begerus** (L.). Thesaurus Brandenburgicus selectus sive Gemmarum et Numismatum Græcorum in Cimeliarchio electorali Brandenburgico elegantiorum series, Commenta-

rio illustratæ à L. Begero. *Coloniæ, Marchicæ Typis et Impensis Electoralibus* 1696-1700, 3 vol. in-fol., fig., veau brun. (*Rel. anc.*).

11. **Bibliothèque** du Théâtre françois depuis son origine (par Marin et le duc de La Vallière). *A Dresde (Paris), chez M. Grœl*, 1768, 3 pet. in-8, fig., veau fauve, dos ornés, tr. marb.

> 3 figures et des vignettes par Eisen, gravées par Massart, de Launay, etc.

12. **BITAUBÉ**. Joseph, poème en neuf chants, par M. Bitaubé, de l'Académie Royale des Sciences et Belles-Lettres de Prusse. *A Paris, chez Prault, Le Clerc*, 1767, in-12, vig., mar. rouge, dos orné, ornem. sur les plats, dent. int.

> Exemplaire aux armes du Roi Louis XVIII.
> Ex libris gravé de A. B. L. Grimod de la Reynière.

13. **BOILEAU-DESPRÉAUX**. Œuvres diverses du sieur D*** (Despréaux), avec le Traité du Sublime ou du Merveilleux dans le Discours, traduit du grec de Longin. *A Paris, chez Denys Thierry*, 1674, in-4, front. gr. et fig. mar. La Vall., dos orné, fil. à la Dusseuil, dent. int., tr. dor. (*Cuzin*).

> Edition originale.
> Bel exemplaire provenant des bibliothèques Le Barbier de Tinan et Paul de Saint-Victor.

14. **Boileau**. Œuvres diverses du sieur D*** avec le Traité du Sublime ou du merveilleux dans le Discours, traduit du grec de Longin. Nouvelle édition, revue et augmentée. *A Paris, chez Dennys Thierry*, 1694, 2 vol. in-12, fig. veau fauve, dos ornés, fil. sur les plats, tr. dor. (*Petit-Simier*).

> Edition ornée de 6 gravures gravées par Landry et Vallet.

15. **Bossuet**. Discours sur l'Histoire Universelle par M. Bossuet, depuis le commencement du monde jusqu'à l'empire de Charlemagne. Imprimé par ordre du Roi pour l'Education de Monseigneur le Dauphin. *A Paris, de l'Imprimerie Didot l'aîné*, 1784, in-4, mar. rouge, dos orné, encadr. de fil. dor. sur les plats, doublé de tabis bleu, dent. gardes de tabis, tr. dor. (*Rel. anc.*).

16. **BOSSUET**. Recueil des Oraisons funèbres, prononcées par J.-B. Bossuet. *A Paris, chez Antoine Dezallier*, 1691, in-12, mar. vert jans., dent. int., tr. dor. (*Quinet*).

> Edition originale, sous un nouveau titre.

17. **Brice** (Germain). Nouvelle description de la Ville de Paris et de tout ce qu'elle contient de plus remarquable. Enrichie d'un nouveau Plan et de nouvelles Figures dessinées et gravées correctement, huitième édition, revue et augmentée de nouveau. *A Paris, chez J.-L. Gandouin, Fr. Fournier*, 1725, 4 vol. in-12, veau brun. (*Rel. anc.*).

18. **Bussy-Rabutin.** Histoire amoureuse de France. *S. l. n. d.*, pet. in-12, front. mar. bleu jans., dent. int., tr. dor. (*Thibaron-Joly*).

> Edition rare, contenant le cantique : *Que Deodatus est heureux* et la lettre au duc de Saint-Aignan.

19. **Catulle.** Traduction en prose de Catulle, Tibulle et Gallus, par l'auteur des Soirées helvétiennes et des Tableaux. *A Amsterdam et à Paris, chez Delalain*, 1771, 2 vol. in-8, veau marb., tr. dor. (*Rel. anc.*).

> 1 frontispice par Eisen, gravé par de Longueil placé dans chaque volume et un cul-de-lampe par les mêmes.

20. **Challes** (Robert). Journal d'un Voyage fait aux Indes orientales par une Escadre de six Vaisseaux commandez par M. Du Quesne, depuis le 24 Février 1690, jusqu'au 20 Août 1691 ; par Ordre de la Compagnie des Indes Orientales. *A Rouen, chez J.-B. Machuel*, 1721, 3 vol. in-12, veau fauve, dos ornés, avec armoiries sur les plats, dent. int., tr. rouge. (*Rel. anc.*).

21. **Commines** (Ph. de). Chronique et Histoire, composée par Philippe de Commines, Chevalier Seigneur d'Argenton, contenant les choses avenues, durant le Règne du Roy Loys unziesme, Charles huictiesme son fils. Nouvellement reveue et corrigée. *A Paris, pour Jean Caveiller*, 1559, in-16, veau marb., dos orné, tr. rouge. (*Rel. anc.*).

22. **Considérations philosophiques** sur les mœurs, les plaisirs et les préjugés de la Capitale. *A Paris, chez Leroy*, 1787, pet. in-8, front., demi-rel. dos et coins de mar. bleu, tr. marb.

23. **Corneille** (J.-B.). Les Premiers Elémens de la peinture pratique. Enrichis de Figures de proportion mesurées sur l'Antique, dessinées et gravées par J.-B. Corneille, peintre de l'Académie Royale. *A Paris, chez Nicolas Langlois*, 1684, in-12, veau marb., tr. rouge. (*Rel. anc.*).

24. **Corneille** (Pierre). L'Imitation de Jésus-Christ, traduite et paraphrasée en Vers Français, par P. Corneille. *A Paris, chez R. Ballard,* 1665, in-18, fig. veau (*Rel. anc.*).

25. **Des Marets.** L'Ariane de Monsieur Des Marets, Conseiller du Roy, et controlleur général de l'extraordinaire des guerres, enrichie de plusieurs figures. *A Paris, chez Matthieu Guillemot,* 1643, in-4, veau fauve, tr. jasp. (*Rel. anc.*).

26. **Dorat.** Contes : Irza et Masis, poëme en deux chants suivi d'Alphonse, conte. *A La Haye et à Paris chez Delalain,* 1774, in-8, figures par Eisen, veau fauve, dos orné, ornemen. à froid et dor. sur les plats, tr. dor.

27. **DORAT.** Fables nouvelles. *A La Haye et à Paris, chez Delalain,* 1773, 2 vol. in-8, fig., mar. rouge, dos ornés, fil. sur les plats dent. int., tr. dor.

> 2 frontispices portant : Fables par M. Dorat, par Marillier gravés par de Ghendt. 1 figure de Marillier gravés par Delaunay dans chaque volume ; 1 fleuron, 99 vignettes et 99 culs-de-lampe de Marillier gravés par Baquoy, Delaunay, de Ghendt, de Longueil, Ponce, etc.

28. **Dorat.** Lettres en vers et œuvres mêlées de D***, ci-devant Mousquetaire, recueillies par lui-même. *A Paris chez S. Jorry,* 1767, 2 vol. pet. in-8, fig., demi-rel. dos et coins de mar. rouge, tr. dor.

> 1 frontispice, 4 vignettes et 4 culs-de-lampe par Eisen.

29. **Du Laurens** (L'abbé). Les abus dans les cérémonies et dans les mœurs développé par Monsieur L***. *A Genève, chez P. Pellet,* 1786, in-12, cart. dos et coins de toile grise, non rog.

30. **Du Laurens** (L'abbé). La Chandelle d'Arras poëme en XVIII Chants. Nouvelle édition, précédée d'une Notice sur la Vie et les Ouvrages de l'auteur ornée de 19 planches. *Paris, Eyasse Frères, etc.,* 1807, 2 vol. in-12, veau marb. fil. sur les plats, tr. dor. (*Rel. de l'époque*).

31. **Dumouriez.** Mémoires du Général Dumouriez écrits par lui-même. *A Londres et se trouve à Paris, chez Mallet,* 1794, 2 parties en 1 vol. in-8, veau marb., tr. rouge. (*Rel. anc.*).

> On y joint : Vie privée et politique du Général Dumouriez pour servir de suite à ses Mémoires. *A Hambourg chez B.-J. Hoffmann,* 1794, 2 parties en 1 vol. in-8, veau marb. tr. rouge. (*Rel. anc.*).

32. **Fauris Saint Vincent.** Monnoies des Comtes de Provence. *A Aix de l'Imprimerie d'Antoine Henricy an IX* (1801) in-fol. cart., demi-veau fauve, non rog.

33. **FÉNELON**. Les aventures de Télémaque, Fils d'Ulysse par M. de Fénelon. Imprimé par ordre du Roi pour l'éducation de Monseigneur le Dauphin. *A Paris, de l'Imprimerie de F. A. Didot l'aîné*, 1783, 2 vol. in-4, fig., mar. rouge, dos ornés dent. sur les plats et int. tr. dor. (*Rel. anc.*).

> 1 frontispice portant : Les aventures de Télémaque fils d'Ulysse, gravées d'après les dessins de Charles Monnet peintre du Roy par Jean-Baptiste Tilliard, *à Paris chez l'auteur*, 1773 et 72 figures et 24 planches avec le texte des sommaires des chants gravés et ornés de culs-de-lampe.

34. **Fénelon.** Directions pour la Conscience d'un roi, composées pour l'Instruction de Louis de France, duc de Bourgogne par Messire François de Salignac de la Motte-Fénelon, archevêque du Duc de Cambrai, son précepteur. *A La Haye, chez Jean Neaulme*, 1747, in-12, portrait, cart.

35. **Fleurimont** (G. R.). Médailles du Règne de Louis XV. *S. l.*, 1715-1749, gr. in-4, front., fig. de médailles, encadrements, demi-rel. veau olive, tr. marb.

36. **FONTENELLE**. Œuvres diverses de M. de Fontenelle, de l'Académie Françoise. Nouvelle édition, augmentée et enrichie de Figures gravées par Bernard Picart le Romain. *A La Haye, chez Gosse et Neaulme*, 1728-1729, 3 vol. in-fol., fig., texte encad., veau marb., dos ornés, fil. sur les plats, tr. dor. (*Rel. anc.*).

> 6 frontispices ou figures par B. Picart, dont un avec le portrait de Fontenelle, gravé par Picart, d'après Rigaud, 2 fleurons sur les titres dont l'un sert aux deux premiers volumes et 174 vignettes et culs-de-lampe par B. Picart.

37. **Gessner** (S.). Œuvres de Salomon Gessner. *A Paris, chez Bossange, Masson et Besson, an V*, 1797, 3 vol. in-16, fig. veau, dos orné, tr. dor. (*Rel. de l'époque*).

> Les figures sont des copies exactes de celles de Marillier mais un peu dures.

38. **Grécourt.** Œuvres complettes de Grécourt, nouvelle édition, soigneusement corrigée et augmentée d'un grand nombre de pièces qui n'avaient jamais été imprimées. *A Luxembourg*, 1764, 4 vol. pet. in-12, veau marb., dos ornés, fil. sur les plats, dent. int., tr. dor. (*Rel. anc.*).

> 4 titres et 4 jolies figures d'Eisen, gravés par Baquoy.

39. **Gros de Boze** (Cl.). Médailles sur les principaux événements du règne entier de Louis le Grand, avec des explications historiques. *A Paris, de l'Imprimerie Royale*, 1723, infol., front. et médailles, mar. vert, dos orné, pet. dent. sur les plats, tr. dor. (*Rel. anc.*).

1 frontispice de Coypel, gravé par Simonneau.

40. **Guarini** (Giambatista). Il Pastor Fido, tragi-comedia pastorale del cavaliere. Nella stamperia di Fr. Amb. Didot. *Parigi, Cl. Molini*, 1782, in-8, vig., veau grenat, dos orné, encadrement de fil. et d'ornem. à la roulette sur les plats, tr. dor., étui.

41. **Hedelin d'Aubignac** (Abbé). La Pratique du Théâtre, contenant le Discours de Ménage sur la troisième comédie de Térence. *A Amsterdam, chez J.-F. Bernard*, 1715, 2 vol. in-12, fig. veau fauve, tr. rouge. (*Rel. anc.*).

42. **Helvétius.** Œuvres complettes d'Helvétius. *A Paris, de l'Imprimerie de P. Didot l'aîné, an III* (1795), 14 vol. pet. in-12 veau porphyre, dos ornés, fil. sur les plats, dent. int., tr. dor. (*Rel. de l'époque*).

43. **Hénault.** Nouvel abrégé chronologique de l'Histoire de France, contenant les événements de notre Histoire, depuis Clovis jusqu'à la mort de Louis XIV, etc. Nouvelle édition, augmentée et ornée de vignettes et fleurons en taille-douce. *A Paris, de l'Imprimerie de Prault*, 1768, in-4, veau marb. (*Rel. anc.*).

44. **Histoire** de Huon de Bordeaux, par de France, duc de Guienne, contenant ses faits et actions héroïques, mise en deux livres.... *A Troyes, chez la veuve Garnier, s. d.* (1726), in-4, cartonn. non rog.

45. **Homère.** L'Iliade et l'Odyssée, traduites en vers françois, par M. de Rochefort de l'Académie des Inscriptions et Belles-Lettres. *A Paris, de l'Imprimerie Royale*, 1781-1782, 2 vol. in-4, fig. cuir de Russie, dos ornés, dent. dor. sur les plats, dent. int., tr. dor. (*Rel. anc.*).

2 fleurons sur les titres et 48 vignettes par Biosse.

46. **Imitation de Jésus-Christ** (de l'). Traduction nouvelle,
par le sieur De Beuil, prieur de Saint-Val. *A Paris, chez Ch.
Savreux*, 1663, in-8, fig. mar. rouge, dos orné, fil. sur les
plats, dent. int., gardes modernes, tr. dor. (*Rel. anc.*).

47. **JOUJOU DES DEMOISELLES** (Le), avec de nouvelles
gravures. *Londres*, 1782, pet. in-8, bas. verte, texte gravé,
tr. dor. (*Rel. anglaise*).

1 frontispice par Eisen, gravé par Le Mire. 50 vignettes à mi-pages non
signées pour le Joujou et 5 vignettes pour les Épigrammes.

48. **La Fontaine.** Contes et nouvelles en vers. *A Amsterdam,
(Paris)*, 1745, 2 vol. in-12, fig., veau raciné, dos ornés, fil.
sur les plats, tr. rouge, étui. (*Rel. moderne*).

1 frontispice signé Lebas, une vignette à mi-page, gravée par Fessard, d'a-
près Cochin, 2 fleurons sur les titres et 69 vignettes par Cochin, gravés
par Chedel, Fessard et Ravenet, quoique non signés.

49. **La Fontaine.** Fables de La Fontaine. Imprimé par ordre
du Roi, pour l'Éducation de Monseigneur le Dauphin. *A Paris, de l'Imprimerie de Didot l'aîné*, 1788, in-4, mar. rouge,
dos orné, encadrem. dor. sur les plats, doublé de tabis bleu,
dent., gardes de moire, tr. dor. (*Rel. anc.*).

50. **La Mettrie.** L'Ecole de la Volupté. *A Cologne, chez P.
Marteau à la Vérité*, 1747, **Dreux du Radier.** Dictionnaire
d'Amour. *A La Haye*, 1746, ens. 1 vol. in-12, veau marb.,
dos orné, tr. rouge. (*Rel. anc.*).

51. **La Sablière** (M. de). Madrigaux de M. D. L. S. *A Paris,
chez Claude Barbin*, 1680, in-12, mar. vert, dos orné, fil. et
ornem. dor. aux petits fers sur les plats, dent. int., tr. dor.
(*L. Fixon*).

Edition originale.

52. **Le Blanc** (Fr.). Dissertation historique sur quelques Monnoyes de Charlemagne, de Louis le Débonnaire, de Lothaire
et de leurs successeurs frapées dans Rome. *A Paris, chez
J.-B. Coignard*, 1689, in-4, veau brun, dos orné, tr. jasp.
(*Rel. anc.*).

53. **Le Blanc** (Fr.). Traité historique des monnoyes de France
avec leurs figures, depuis le commencement de la Monarchie
jusqu'à présent. *Paris, J. Boudot*, 1690, in-4, fig. veau brun,
dos orné, tr. jasp. (*Le titre manque*).

54. **Le Bossu** (R. P.). Traité du Poëme Epique, par le R. P. Le Bossu, Chanoine Régulier de Sainte-Geneviève. Sixième édition, avec une Table des Matières. *A La Haye, chez P. Husson*, 1714, 2 vol. in-12, veau fauve, fil., tr. dor. (*Rel. anc.*).

Exemplaire aux armes de **Monseigneur Double**.

55. **Legouvé** (G.). Le Mérite des Femmes, poème. *A Paris, chez Louis*, 1800, in-12, fig., cartonn. dos et coins de mar. rouge, non rog.

56. **Le Solide Trésor** des Merveilleux Secrets de la Magie Naturelle et Cabalistique du Petit-Albert, traduit exactement sur l'Original Latin, Enrichi de plusieurs figures mystérieuses pour former des Talismans, avec la manière de les faire. *Genève, aux Dépens de la Compagnie, s. d.*, pet. in-12, demi-rel. dos de mar. La Vall., tr. rouge.

57. **Lettres** d'Héloïse et d'Abailard. Edition ornée de huit figures par les meilleurs Artistes de Paris, d'après les dessins et sous la direction de Moreau le Jeune. *A Paris, chez Fournier, an IV* (1796), 3 vol. in-4, mar. citron, dos ornés, fil. et ornem. dor. sur les plats, fil. int., têtes dor., non rog.

58. **Le Vayer de Boutigny** (Rolland). Tarsis et Zélie, nouvelle édition. *A Paris, chez Musier Fils*, 1774, 3 vol. in-8, fig., veau fauve, dos ornés, tr. dor. (*Rel. anc.*).

3 frontispices par Cochin, Moreau, Eisen, gravés par Gaucher, Ponce, Née, 2 fleurons sur les titres et 20 vignettes par Eisen, gravées par Massard, de Longueil, Née, Ponce, Helman et Masquelier.

59. **Loaisel de Théogate.** Dolbreuse ou l'Homme du siècle ramené à la Vérité par le Sentiment et la Raison, histoire philosophique. *A Amsterdam et à Paris, chez Belin*, 1783, 2 parties en un vol. in-8, veau marb.

2 frontispices par Lorge, gravés par Berthet.

60. **LONGUS.** Les Amours pastorales de Daphnis et Chloé, traduites du grec par Amyot. *A Paris, de l'Imprimerie de Didot l'Aîné, an VIII* (1800), in-fol., fig., cartonn., non rog.

Exemplaire sur papier vélin, avec les **9 figures par Prudhon et Gérard**, gravées par Godefroy, Marais et Roger **avant la lettre**.

61. **Lucrèce.** Titi Lucretii Cari de Rerum Natura Libri sex : accedunt selectæ lectiones dulicicando pœmati appositæ.

Lutetiœ Parisiorum Typis Jos. Barbou, 1754, in-12, fig.,
mar. rouge, dos orné, encadrem. de fil. sur les plats, dent.
int., tr. dor. (*Rel. anc.*).

1 frontispice, 6 très jolies figures et 6 vignettes fleurons par Van Mieris, gravées par Duflos.

62. **MARGUERITE DE VALOIS**. Mémoires de Marguerite de
Valois Reine de France et de Navarre, auxquels on a ajouté
son Eloge, celuy de Monsieur de Bussy et la Fortune de la
Cour. *A Liège, chez J.-F. Broucart*, 1713, in-12, portr., mar.
rouge, dos orné, fil. sur les plats, dent. int., tr. dor.
(*Brany*).

63. **Marmontel**. Les Incas ou la Destruction de l'Empire du
Pérou, par M. Marmontel, historiographe de France, l'un
des quarante de l'Académie Française. *A Paris, chez Lacombe*,
1777, 2 vol. in-8, fig., veau marb., tr. dor. (*Rel. anc.*).

1 frontispice et 10 figures par Moreau, gravés par de Launay, de Ghendt, Née, Simonet, Duclos, Helman et Leveau.

64. **Mémoires** de Maximilien de Béthune, duc de Sully, principal ministre de Henry Gelrand, mis en ordre avec des remarques, par M. L. D. L. D. L. *A Londres*, 1747, 3 vol. in-4,
fig. et portr. veau. (*Rel. anc.*).

1 frontispice par Licherie, gravé par Baudet, 3 fleurons et 3 vignettes par Gravelot, gravés par Fessard, 49 portraits par Mathey, Tardieu, Boi-
zot, Cossé, etc., gravés par Fessard, Gaillard, Tardieu, Fiquet, etc., 2 grandes planches pliées et enfin le portrait de la pyramide dressée.

65. **Mercier**. Tableau de Paris. Nouvelle édition, corrigée et
augmentée. *A Amsterdam*, 1782-1783, 8 vol. in-8, cartonn.,
dos de toile rouge, têtes rouges, non rog.

66. **Montaigne**. Les Essais sur Michel Seigneur de Montagne.
Edition nouvelle prise sur l'exemplaire trouvé après le de-
ceds de l'Autheur, reveu et augmenté d'un tiers outre les
précédentes impressions. *Paris, chez Abel l'Angelier*, 1600,
in-8, mar. La Vall., fil. et armoiries sur les plats, tr. dor.
(*Rel. anc.*).

67. **Montluc** (Blaize de). Commentaires de Messire Blaize de
Montluc, Maréchal de France. *A Paris, de l'Imprimerie
d'Arnould Cotinet*, 1661, 2 vol. in-12, veau fauve, dos ornés,
armoiries sur les plats, tr. rouge. (*Rel. anc.*).

68. **Morel de Vindé.** Zélomir, par Morel (de Vindé). *Paris, Didot l'aîné*, 1801, in-18, fig., demi-rel. dos et coins de mar. rouge, dos orné, tête dor., non rog. (*Cuzin*).

> 6 figures par Lefèvre, gravées par Godefroy, épreuves **avant la lettre** et **avec la lettre** (manque 2 planches avec la lettre). Cassure à un feuillet.

69. **Nummi** antiqui argenti Ex Parmensi collectione PP. Soc. Jesu, notis ac dissertationibus Illustrati. *Parmæ Pauli Monti*, 1767, in-4, fig., demi-rel. bas., non rog.

> Edition ornée d'une vignette sur le titre, par Ferrari, gravée par Patrin et 16 planches représentant des médailles.

70. **Œlrichs** (J. C. C.). Cabinet des Médailles de l'Electorat de Brandebourg, consistant en médailles entièrement gravées en taille-douce, et toutes sur des originaux, pour la vie de Frédéric Guillaume Le Grand. *A Berlin, chez J. Decker*, 1778, in-4, demi-rel. bas., tr. rouge.

71. **Ozanne** (Yves-Marie). Marine Militaire, ou Recueil des différents vaisseaux qui servent à la guerre, suivis des Manœuvres qui ont le plus de rapport au Combat ainsi qu'à l'Attaque et la Défense des Ports, par Ozanne l'aîné, dessinateur de la Marine. *A Paris, chez Chereau, s. d.*, in-4, fig., veau marb. (*Rel. anc.*).

> 1 frontispice et 50 planches gravés.

72. **Palissot.** Œuvres de M. Palissot, lecteur de S. A. S. Mgr le Duc d'Orléans, nouvelle édition, revue et corrigée *A Paris, de l'Imprimerie de Monsieur*, 1788, 4 vol. in-8, fig., veau racine, dos ornés, dent. sur les plats et int., tr. dor.

> 1 portrait par Monnet, gravé par Choffard et 18 figures par Monnet et Méon, gravées par Thérèse Martinet dont 8 sans nom de graveur. Epreuves **avant la lettre**.

73. **Panckouke** (H.). L'art de désopiler la rate entremêlé de quelques bonnes choses. Nouvelle édition. *A Venise, chez Antonio Pasquinetti*, 1788, 2 vol. in-12, veau jasp., dos orné, ornem. sur les plats, tr. dor.

74. **PARIS.** Plan topographique et raisonné de Paris, dédié à Monseigneur Le Duc de Chevreuse, par les sieurs Pasquier et Denis, graveurs. *Paris*, 1758, pet. in-8, fig., demi-rel. dos et coins veau fauve, non rog.

> Ouvrage entièrement gravé et contenant 12 vignettes représentant des vues de Paris, dessinées et gravées par Pasquier.

75. **Pellerin** (Joseph). Recueil de médailles de Rois qui n'ont point encore été publiées ou qui sont peu connues. *A Paris, chez M. L. Guérin et L.-F. Delatour,* 1752, in-4, fig., veau brun, dos orné, tr. jasp.

76. **Pellerin** (Joseph). Recueil de médailles de peuples et de villes, qui n'ont point encore été publiées ou qui sont peu connues. *A Paris, chez Guérin et Delatour,* 1763-1765 ; 5 vol. in-4, nombreuses planches, veau fauve, dos ornés, tr. rouges.

77. **Polignac** (M. le Cnal de). L'Anti-Lucrèce, poème sur la religion naturelle, composé par M. le Cardinal de Polignac : traduit par M. de Bougainville. *A Paris, chez Hyppolite-Louis Guérin et Jacques Guérin,* 1749, 2 vol. in-8, fig., veau marb. (*Rel. anc.*).

> Un beau portrait par Rigaud gravé par Daullé, 10 vignettes et 5 culs-de-lampe par Eisen, gravés par Delafosse et Tardieu.

78. **Prudhomme.** Les Crimes des Reines de France depuis le commencement de la monarchie jusqu'à Marie-Antoinette, avec cinq gravures. *A Paris, aux bureaux des Révolutions de Paris,* 1791, in-8, br., non rog.

79. **Rabelais** (F.). Les Œuvres de François Rabelais, Docteur en Médecine, augmentées de la Vie de l'Auteur et de quelques Remarques sur la Vie et sur l'Histoire. *S. l.,* 1666, 2 tomes en 1 vol. pet. in-12, vélin blanc.

> Seconde édition du Rabelais Elzévir.

80. **Recueil** de diverses pièces servant à l'histoire de Henri III, roy de France et de Pologne. *A Cologne, chez P. du Marteau.* (*Amsterdam, P. Elzévir*). 1666, pet. in-12, veau brun (*Rel. anc.*).

> Journal du Règne de Henri III — Le divorce satyrique — L'Alcandre — La Confession de Sancy — Apologie — Discours merveilleux de la Vie de Catherine de Médicis.

81. **Regnard.** Œuvres de Regnard, avec des avertissements et des remarques sur chaque pièce, par M. G***. Nouvelle édition. *A Paris, de l'Imprimerie de Monsieur,* 1789, 6 vol. in-8, veau fauve, dos ornés, tr. dor.

> 1 portrait d'après Rigaud, gravé par Tardieu, et 11 figures par Moreau et Marillier, gravées par de Longueil, Simonet, Langlois, Patas, etc. Epreuves avec la **lettre grise**.

82. **Régnier.** Les OEuvres de M. Régnier, contenant des satyres et autres pièces de Poésie. *A Amsterdam, Es. Roger,* 1710, in-12, veau brun, dos orné, tr. jasp. *(Rel. anc.).*

83. **Rétif de la Bretonne.** L'Audrographe ou idées d'un honnête homme sur un projet de règlement pour opérer une Réforme générale des Mœurs, avec des Notes historiques et justificatives. *A La-Haie, chés Gosse et Pinet,* 1782, 2 parties in-8, veau marb., dos orné, fil. sur les plats, tr. rouge.

84. **Rétif de la Bretonne.** Le Ménage parisien, ou Déliée et Sotentout. *La Haye,* 1773, 2 parties, in-12, veau olive clair, dos ornés, fil. sur les plats, dent. int., tr. rouge.

85. **Rochefort** (Cte de). Mémoires de M. L. C. D. R. Contenant ce qui s'est passé de plus particulier sous le Ministère du Cardinal de Richelieu et du Cardinal Mazarin, avec plusieurs particularités remarquables du Règne de Louis le Grand. *A Amsterdam, chez F. l'Honoré et Fils,* 1742, in-12, veau fauve, tête dor., non rog. *(Hering et Muller).*

   Exemplaire provenant de la bibliothèque de M. Ch. Cousin.

86. **Rochemont** (M. de). Observations sur une Comédie de Molière intitulée « Le Festin de Pierre ». *A Paris, chez Nicolas Pepingué,* 1665, pet. in-12, cart. vélin blanc.

   Le titre manque.

87. **Rocques de Montgaillard.** Mémoires secrets de J.-G.-M. de Montgaillard, pendant les années de son émigration, contenant de nouvelles informations sur le caractère des Princes français et sur les intrigues des Agens de l'Angleterre. *A Paris, an XII* (1804), in-8, demi-rel. bas., tr. marb.

88. **Rousseau** (J.-J.). Les Confessions de J.-J. Rousseau, suivies des Rêveries du Promeneur solitaire. *A Genève,* 1782, 2 vol. in-8 (Tomes I et II), veau fauve *(Rel. anc.).*

   Édition originale.

89. **Rousseau** (J.-J.). Émile ou de l'Éducation, par J.-J. Rousseau, citoyen de Genève. *A La Haye, chez Jean Neaulme,* 1762, 4 vol. in-8, fig., veau fauve, dos ornés, tr. rouges *(Rel. anc.).*

   5 figures par Eisen, gravées par Le Grand, de Longueil et Pasquier.

‒ 18 ‒

90. **Rousseau** (J.-J.). Principes du Droit politique, par J.-J.
Rousseau, citoyen de Genève. *A Amsterdam, chez MM. Rey*,
1762, in-8, vig., br.

> Edition originale.

91. **Saint-Lambert.** Les Saisons, poème, septième édition. *A
Amsterdam*, 1775, gr. in-8, fig., mar. vert foncé, dos orné, fil.
sur les plats, dent. int., tr. dor. (*Rel. anc.*).

> 5 belles figures par Moreau, gravées par Delaunay, Duclos, Prevost et
> Simonet, 1 fleuron sur le titre et 4 vignettes par Choffard.

92. **Saint-Lambert.** Les Saisons, poème. *A Paris, de l'Imprimerie de P. Didot l'aîné, an IV*, 1796, gr. in-4, fig., veau raciné, dos orné, non rog.

> 4 figures par Chaudet. gravées par Morel. **Figures avant la lettre**.

93. **Salvator Rosa.** Hos Ludentis. Oty Carolo Rubeo Singula-
ris Amiticiae. *Pignus D. D. D.*, in-8. *S. l. n. d.*, (v. 1650), 51
figures, demi-rel. dos et coins veau noir, tr. rouge.

94. **Salzade** (M. de). Recueil des Monnaies tant anciennes que
modernes ou Dictionnaire historique des Monnaies divisé en
quatre parties. *A Bruxelles, chez J.-J. Boucherie*, 1767, in-4,
veau marb., dos orné, tr. marb. (*Rel. anc.*).

95. **Satyre Ménippée** de la Vertu du Catholicon d'Espagne et
de la tenuë des Estatz de Paris, avec des remarques et explications des endroits difficiles (par Pierre du Puy). *A Ratis-
bonne, chez Mathias Kerner (Amsterdam, D. Elzévir)*, 1664,
pet. in-12, mar. La Vall. jans., dent. int., tr. dor. (*Hardy-
Mennil*).

> Exemplaire provenant de la bibliothèque de Paul Saint-Victor.

96. **Scarron.** Le Roman Comique, par Scarron. Edition ornée
de Figures dessinées par Le Barbier et gravées sous sa direction. *De l'Imprimerie de Didot Jeune, à Paris. Chez Janet et
Hubert, an IV* (1796), 3 vol. in-8, cart., non rog.

> 1 portrait gravé par Lemire et 15 figures de Le Barbier, gravées par
> Baquoy, Dambrun, Duclos, Hubert, Patas, Petit, Romanet et Simonet.

97. **Sedaine.** La Gageure imprévue, comédie en prose, en un
acte, représentée pour la première fois à Paris par les Comé-

diens François ordinaires du Roi, le Vendredi 27 Mai 1768. *A Paris, chez Claude Hérissant*, 1768, in-8, cart. dos et coins de vélin blanc, tr. rouge.

Edition originale.

98. **Stella** (Cl.). Jeux de l'Enfance. *S. l. n. d.* (vers 1650), pet. in-4 obl., fig., demi-rel. dos de mar. vert, non rog.

Ouvrage composé de 24 gravures gravées par Claudia Stella.

99. **Tasse.** Aminta Favola boschereccia di Torquado Tasso ora per la primsa Volta, allà sua vera lezione. *Ridotta. Chrisopoli, Bodoniani*, 1789, gr. in-4, fig., mar. vert, dos orné, ornem. sur les plats, dent. int., tr. dor. (*Rel. anc.*).

Joli portrait, fleuron sur le titre non signé, une vignette en tête de la dédicace signée J. Lucatelli, inv.
L'une des plus belles éditions de Bodoni.

100. **Tasse.** La Jerusalemme Liberata di Torquato Tasso con le figure di Gambatista Piazzetta all sacra real mæsta di Maria Teresa d'Austria Regini d'Unglieria, e di Boemia, etc. *In Venezia,* 1745, in-fol., fig., mar. rouge, dos orné, large dentelle sur les plats, dent. int., tr. dor. (*Rel. anc.*).

101. **Tasse.** Jérusalem délivrée, poème traduit de l'Italien, nouvelle édition revue et corrigée, enrichie de la Vie du Tasse. *Paris, chez Bossange et Masson*, 1813, 2 vol. gr. in-8, fig., demi-rel. veau fauve, têtes dor., non rog.

1 portrait dessiné par Chasselas, gravé par Delvaux, et 20 figures **avant la lettre** de Le Barbier l'aîné, gravées par Romanet, Langlois, Dambrun, Dupréel, de Ghendt, Delignon, etc., etc.

102. **TERENTII.** Comœdiae, cum comment. Donati et Joh. Calphurnii (in fine). *Publii Terentii aphri pœtae comici liber fœli citer explicit: ac eiusdem pœtae uita. Veneliis impressa impendio diligentua Andreae de Asula: Bartholomei de alexandria sociorù Anno salutis dominicae* M. CCCC. L XXXIII (1483) *pridie nonas decembris.*, in-fol., cart.

Raccommodage au dernier feuillet.

103. **Théveneau de Morande.** Le Gazetier cuirassé, ou anecdotes scandaleuses de la Cour de France. *Imprimé à cent lieues de la Bastille, à l'enseigne de la liberté*, 1771, in-8, 1 fig., demi-rel. dos veau, tr. marb.

104. **Théveneau de Morande.** La Gazette Noire, par un homme
qui n'est pas blanc ; ou œuvres posthumes du Gazetier cuirassé. *Imprimée à cent lieues de la Bastille,* 1784, in-8, demi-
rel. bas., tr. jasp.

105. **Tobièsen Duby.** Traité des Monnoies des Barons ou re-
présentation et explication de toutes les Monnoies d'or, d'argent, de billon, de cuivre, qu'ont fait frapper les possesseurs
de grands fiefs, Pairs, Eveques, etc., par feu M. Pierre-Aucher
Tobièsen Duby. *A Paris, de l'Imprimerie Royale,* 1790, 2 vol.
in-4, demi-rel. veau brun, tr. marb.

106. **Vadé** (J.-J.). Œuvres de M. Vadé, ou Recueil des Opéras-
Comiques, Parodies et Pièces fugitives de cet auteur ; avec
les airs, Rondes et Vaudevilles notés. Nouvelle édition. *A
Paris, chez N. B. Duchesne,* 1758, 4 vol. in-8, fig., veau marb.
(Rel. anc.).

> Portrait de Vadé gravé par Ficquet et 4 vignettes d'Eisen, pour la Pipe
> Cassée.

107. **Virgile.** P. Virgilii Maronis bucolica Georgica et Æneis,
ab Antonio Ambrogi Florentino Italico versu reddita, etc.
Romæ Excudebat J. Zempel, V. Monaldini, 1763-1765, 3 vol.
in-fol., vig., demi-rel. dos et coins veau brun, tr. marb.

108. **Voltaire.** La Henriade, poème par Voltaire. *Paris, Librairie d'Education de A.-J. Sanson,* 1826, in-32, veau lilas, dos
orné, ornem. gauf. sur les plats, dent. int., tr. dor. *(Rel. de
l'époque).*

109. **Voltaire.** La Pucelle d'Orléans, poème divisé en vingt
chants, avec des notes. Nouvelle édition, corrigée, augmentée et collationnée sur le Manuscript de l'auteur. *S. l. (Genève),* 1762, in-8, fig., veau marb., dos orné, fil. sur les plats, tr.
rouge *(Rel. anc.).*

> 20 figures non signées.

LIVRES EN TOUS GENRES

110. **About** (Edmond). Le Roman d'un Brave Homme. Edition illustrée de 52 compositions par Adrien Marie. *Paris, Hachette et Cie*, 1882, .29 livraisons in-4, en feuilles, non rog., couv., étui.

111. **Adam** (Mme E.) (Juliette Lamber). Récits d'une Paysanne. Illustrations de G. Fraipont. *Paris, J. Lemonnyer*, 1885, gr. in-8, nombreuses vignettes dans le texte, demi-rel. dos et coins de mar. vert, tête dor., non rog., couv.

112. **Album du bon Bock.** *Paris, s. d.*, in-4, lithog. et fac-similé, demi-rel. chag. rouge.

113. **ALMANACH FINANCIER** (1869-1909 inc.). Guide des Rentiers et Capitalistes, par l. Rousset. *Paris. Journal financier*, 1869-1909, 40 vol. in-12, demi-rel. chag. vert, rog., couv., dont 4 br., couv.

    Collection complète, rare à rencontrer.

114. **Almanach Hachette.** Petite encyclopédie populaire de la Vie pratique. *Paris, Hachette et Cie*, 1894-1909, 16 vol. in-12, cart. de l'éditeur, tr. dor., couv.

    On y joint : Paris, Exposition 1900. *Paris, Hachette et Cie*, 1900, in-12, cart. de l'éditeur, tr. dor., couv.

115. **Aicard** (Jean). La Chanson de l'Enfant. Nouvelle édition ornée de 128 compositions par T. Lobrichon, gravées sur bois par L. Rousseau. *Paris, G. Chamerot*, 1884, gr. in-8, demi-rel. dos et coins de mar. citron, dos orné, tête dor., non rog., couv. illust.

116. **Aicard** (Jean). Roi de Camargue, par Jean Aicard. Illustrations de George Roux. *Paris, E. Testard,* 1890, in-8, br., couv.

L'un des exemplaires sur **papier vélin**, avec les figures hors texte en **2 états** (n° 200).

117. **Aimé-Martin.** Lettres à Sophie sur la Physique, la Chimie et l'Histoire Naturelle. Nouvelle édition. *Paris, Ch. Gosselin,* 1822, 4 vol. in-16, fig., veau rose, dent. int., tr. dor.

118. **Aimé-Martin.** Plan d'une Bibliothèque universelle. *Paris, A. Desrez,* 1837, in-8, demi-rel. chag. vert, tête dor., non rog., couv.

Envoi autographe de l'auteur.

119. **Amour aux Colonies** (L'), singularités physiologiques et passionnelles observées durant trente années de séjour dans les Colonies Françaises, par le Docteur Jacobus X... *Paris, Liseux,* 1893, in-8, br., couv.

120. **Amours de Napoléon III** (Les). par l'auteur de la femme de César. *Londres, Librairie et Imprimerie universelles,* 1863, 2 vol. in-12, cart. toile orange, non rog., couv.

121. **Annales romantiques.** Recueil de Morceaux choisis de Littérature contemporaine. *Paris, L. Janet,* 1833, in-16, fig., cart. satin vert, tr. dor., dans un emboîtage de veau noir, ornements dorés couvrant les plats.

122. **Année Féminine** (L'). Les Déshabillés au Théâtre. Texte par G. Montorgueil. Illustrations de Henri Boutet — **Courtry.** Boutet embêté par Courtry. Deux pointes sèches par H. Boutet. Une eau-forte et couverture par Courtry — Les Parisiennes d'à présent, texte de G. Montorgueil. Illustrations de H. Boutet. *Paris,* 1896-1897, 3 vol. pet. in-8, br., couv.

123. **Anthologie** des Poètes Français depuis le XVe Siècle jusqu'à nos jours. *Paris, Al. Lemerre, s. d.,* in-16, chag. rouge, dos orné, fil., dent. int., tr. dor.

124. **Aretino** (P.). Les dialogues du divin Pietro Aretino, 2 parties. Entièrement et littéralement traduits pour la première fois. *Paris, I. Liseux,* 1879, et *Londres,* 1880, 6 vol. in-16, portr., br., couv.

Exemplaire sur **papier de Hollande.**

125. **Aretino** (P.). Suite complète de vingt eaux-fortes pour illustrer les Ragionamenti ou dialogues du divin Pietro Aretino, dessinées par L. Dünki, gravées par A. Prunaire. *Paris, Liseux,* 1882, in-12 en feuilles, dans un emboîtage.

126. **Arioste.** Roland Furieux, Poème en XX chants. *Paris, I. Liseux,* 1879-1883, 3 vol. in-12, br., couv.

Exemplaire sur papier de Hollande.

127. **Arvers** (Félix). Poésies. Mes heures perdues, Pièces inédites. Introduction par Abel d'Avrecourt. *Paris, H. Floury,* 1900, in-8, br., couv.

128. **AUGIER** (Emile). Les Fourchambault, Comédie en cinq actes. — Paul Forestier. Comédie en quatre actes en vers. *Paris, Michel Lévy Frères,* 1868-1878, 2 vol. in-8, cart. dos et coins de percal., non rog., couv.

Edition originale.
Envoi autographe de l'auteur (dans les Fourchambault.) A SOPHIE CROIZETTE.
« *Si vibrante, si vivante qu'elle répand la vie autour d'elle.* »
l'auteur et l'ami.
E. AUGIER.
Lettre autographe de l'auteur, ajoutée (dans Paul Forestier.)

129. **Augier** (Emile). Le Joueur de flute, Comédie. *Paris,* 1851, in-12, cart. percal. grise, non rog.

Edition originale, avec la couverture.

130. **Augier** (Emile). Théâtre complet, 6 vol. — Œuvres diverses, 1 vol. *Paris, Calmann-Lévy,* 1882-83. Ens. 7 vol. in-12, demi-rel. chag. rouge, tr. jasp.

131. **Aumale** (Duc d'). Lettre sur l'histoire de France. *Paris, H. Dummeray,* 1861, in-8, cart. dos de chag. rouge, non rog.

Edition originale.

132. **Bancel** (F.-D.). Histoire des révolutions de l'Esprit français de la langue et de la Littérature française au moyen âge. Ouvrage posthume de F.-D. Bancel avec préface par Antony Méray. *Paris, A. Claudin,* 1879, in-8, portr., br., couv.

Exemplaire sur papier de Hollande.

133. **Barante** (M. de). Histoire des Ducs de Bourgogne de la Maison de Valois, 1364-1477. *Paris, Dufey,* 1837-1838, 12 vol. in-8, fig. et cartes, demi-rel. dos et coins chag. rouge, non rog.

134. **Barbey d'Aurevilly** (J.). Les Diaboliques. — Le Chevalier des Touches. *Paris, Al. Lemerre,* 1879, 2 vol. in-16, portr. et fig., demi-rel. dos et coins, mar. brun, têtes dor., non rog.

135. **Barbey d'Aurevilly** (J.). Un prêtre marié (2 vol.) — Les Diaboliques — L'Ensorcelée. *Paris, Al. Lemerre,* 1882-1889, ens. 4 vol. in-12, portr., br., couv.

136. **Barbey d'Aurevilly** (J.). Les Œuvres et les Hommes. *Paris,* 1886-1899, 12 vol. in-8, br., couv.

137. **Barrès** (Maurice). Trois Stations de Psychothérapie. *Paris, Perrin et Cie,* 1896, in-16, br., couv.

Edition originale.

138. **Barthélemy.** Douze journées de la Révolution, poëmes par Barthélemy. *Paris, Perrotin, G. Dufour,* 1839, in-8, cart. demi-chag. rouge, non rog.

On y joint : Némésis satire hebdomadaire. *Paris. Perrotin,* 1850, in-8, portr., demi-rel. chag. rouge. non rog.

139. **Barthélemy.** Le Zodiaque, satires. *Paris, Lallemand-Lépine,* 1846, in-8, cart. dos et coins de percal. La Vall., non rog., couv.

Editions originales.

140. **Barthélemy et Méry.** Napoléon en Egypte. Waterloo et le Fils de l'homme, précédés d'une notice littéraire par M. Tissot, édition illustrée par H. Vernet et H^te Bellangé. *Paris, E. Bourdin, s. d.* (1842), gr. in-8, nombr. fig. dans le texte et pl. hors texte tirées sur Chine, avant la lettre, demi-rel. chag. vert, dos orné, non rog.

141. **Barthelemy.** Nouveau Manuel complet de numismatique ancienne. *Paris, Roret,* 1851, 2 vol. in-16 et atlas in-4 obl., demi-rel. chag. brun, tr. jasp.

142. **Bataille** (Albert). Causes criminelles et mondaines de 1880 à 1894, précédées d'une préface, par Fernand de Rodays. *Paris, E. Dentu,* 1887-1894, 14 vol. in-12, cartonn., dos et coins de percal. bl., non rog.

143. **Beauchamp** (Al. de). Catastrophe de Murat ou récit de la Révolution de Naples, avec les pièces justificatives. *Versailles, J.-A. Lebel,* 1815, in-8, demi-rel. bas., tr. marb.

144. **Beaumarchais.** OEuvres complètes, précédées d'une notice sur sa vie et ses ouvrages par La Harpe. *Paris, Furne,* 1826, 6 vol. in-8, portr., demi-rel. veau rouge, têtes marbr., non rog.

145. **Beaumont** (E. de). Un drame dans une carafe, dessins par Louis Leloir. *Paris. Librairie des Bibliophiles,* 1872, pet. in-4, cartonn. de l'éditeur, non rog.

146. **Bégin** (Emile). Voyage pittoresque en Suisse, en Savoie et sur les Alpes, par Emile Bégin. Illustrations de MM. Rouargue Frères. *Paris, Belin-Leprieur et Morizot, s. d.,* gr. in-8, cartonn. de l'éditeur, tr. dor.

147. **Béquet** (Etienne). Marie ou le Mouchoir bleu. Notice littéraire par Adolphe Ragot. Six compositions par de Sta, gravées par Abot. *Paris, L. Conquet,* 1884, in-16, demi-rel. dos et coins de mar. bleu, dos orné, tête dor., non rog., couv. (*Champs*).

148. **Béraldi** (Henri). Cent ans aux Pyrénées. *Paris,* 1903, gr. in-8, demi-rel. dos et coins de mar. vert, dos orné, non rog., couv.

149. **Béranger.** Chansons, par M. J.-P. de Béranger. *Paris, chez les marchands de nouveautés,* 1821, 2 vol. — Chansons nouvelles. *Paris, chez les marchands de nouveautés,* 1825, 1 vol. — Chansons inédites. *Paris, Baudouin frères,* 1828, 1 vol. — Chansons nouvelles et dernières, dédiées à M. Lucien Bonaparte, 1833. *Paris, Perrotin,* 1833, 1 vol. Ens. 5 vol. in-18, cartonn. percal. blanche, non rog.

150. **Béranger.** Dernières chansons, 1834 à 1851, avec lettre et une préface de l'auteur. *Paris, Perrotin,* 1857, gr. in-8, br., couv.

On y joint : Dix Chansons de Béranger, complément des éditions publiées avant 1847. *Paris, Perrotin,* 1848, plaq. gr. in-8, br., couv.

151. **Béranger**. Dernières Chansons de 1834-1851, avec une préface de l'auteur, illustrées de 14 dessins de A. de Lemud, gravés sur acier par MM. Balin, Brunet, Colin, Darodis, Doherty, etc. *Paris, Perrotin*, 1860, gr. in-8, cartonn. dos de percal., non rog.

> On y a joint : Ma Bibliographie, écrite par Béranger, avec appendice et des Notes, ornée d'un portrait en pied, dessiné par Charlet et de huit gravures d'après d'Aubigny, Sandoz, exécutées par Durand, Massart, etc. *Paris, Perrotin,* 1860, gr. in-8, cartonn. dos de percal., non rog.

152. **Berger** (Adolphe). Histoire de l'éloquence latine depuis l'origine de Rome jusqu'à Cicéron. *Paris, Hachette et Cie,* 1872, 2 vol. in-12, cartonn. demi-chag. vert, non rog., couv.

153. **Bergerat** (Emile). Enguerrande, poème dramatique, précédé d'une préface par Théodore de Banville, avec un portrait de l'auteur, gravé à l'eau-forte par Henri Lefort, et de deux compositions du statuaire Auguste Rodin. *Paris, Frinzine et Cie*, 1884, in-4, demi-rel. dos et coins de mar. bleu, tête dor., non rog., couv. (*Lancelin*).

> L'un des **50** exemplaires sur **papier du Japon** (n° 45).

154. **Bergeret** (G.). Journal d'un Nègre à l'Exposition de 1900, soixante-dix-neuf aquarelles originales de Henry Somm. *Paris, Carteret et Cie*, 1901, in-12, br., couv.

> L'un des **300** exemplaires sur **papier vélin**, offert à M. d'Anfreville.

155. **Bernard** (Charles de). Œuvres complètes. Le Nœud Gordien. — Gerfault. — Le Paravent. — La Peau du Lion et la Chasse aux Amants. — Les Ailes d'Icare. — L'Ecueil. — Un Homme sérieux. — Un Beau-Père. — Le Gentilhomme Campagnard (2 vol.). — Nouvelles et Mélanges. — Poésies et Théâtre. *Paris, Michel Lévy Frères*, 1853-1855; 12 vol. in-12, demi-rel. chag. rouge, tr. jasp.

156. **Bernard** (Marius). Autour de la Méditerranée. Les Côtes Latines. L'Italie (de Vintimille à Venise) par Marius Bernard, 120 illustrations par H. Avelot et une carte itinéraire du voyage. *Paris, H. Laurens, s. d.*, in-4, br., couv.

157. **BEROALDE DE VERVILLE**. Le Moyen de Parvenir. Œuvre contenant la raison de ce qui a esté, est et sera, avec démonstrations certaines selon la rencontre des effects de

vertu. Nouvelle édition collationnée sur les textes anciens avec Notes, Variantes, Index, Glossaire et Notice, par un Bibliophile Campagnard. *Paris, L. Willem*, 1870-72, 2 vol., vignettes, en-têtes de chapitres. — Contes en vers imités du Moyen de Parvenir, par Autreau, Dorat, Grécourt, La Fontaine, B. de La Monnoye, Plancher de Valcour, Reguier, Vergier, etc., avec les Imitations de M. le Comte de Chevigné et celles d'Epiphane Sidredoulx, publié par un membre de la Société des Bibliophiles gaulois. *Paris, L. Willem*, 1874, 1 vol., vignettes en-têtes de page. — Ens. 3 vol. pet. in-8, cartonn. dos de percal., non rog.

Ouvrages tirés à petit nombre aux frais et pour le compte des souscripteurs, n'ont pas été mis dans le commerce.
L'un des exemplaires tirés sur **papier de Chine**, contenant le tirage à part en bistre sur Chine de toutes les vignettes en-têtes de pages pour les « Contes en vers ».

158. **Bescherelle et Larcher.** La Femme jugée par les grands écrivains des deux sexes. *Paris, Simon*, 1846, gr. in-8, mar. rouge, dos orné, fil. et ornem. gaufrés sur les plats, tr. dor. (*Dion*).

159. **Bessières** (Lucien) et **D. Marcolino Prat.** Histoire de la Famille Bonaparte. *Paris, P. et V. Penaud, s. d.*, gr. in-8, fig., demi-bas. rouge, tr. jasp.

160. **Bever** (Ad. van). Contes et Conteurs Gaillards du XVIIIe siècle. Ouvrage orné de 8 planches hors texte. *Paris, Daragon*, 1906, in-8, br., couv.

Exemplaire sur **papier de Hollande**.

161. **BIBLIOTHÈQUE ARTISTIQUE** (Petite), publiée par Jouaust, illustrée d'eaux-fortes par Lalauze, Flameng, Hédouin, Los Rios, Rajon, Laguillermie, etc., publié par la *Librairie des Bibliophiles, Jouaust, éditeur*, volumes in-16, br., couv. *(Sera divisé)*.

1° **Brantome.** Les Sept Discours touchant les Dames Galantes, du sieur de Brantome, publiés sur les manuscrits de la Bibliothèque nationale, par Henri Bouchot. Dessins d'Edouard de Beaumont, gravés par E. Boilvin, 1882, 3 vol.

2° **Brillat-Savarin.** Physiologie du Goût, avec une Préface, par Ch. Monselet. Eaux-fortes par Ad. Lalauze, 1879, 2 vol.

3º **Cent Nouvelles nouvelles** (Les Dix Dizaines des), réimprimées par les soins de D. Jouaust, avec notice, notes et glossaire par Paul Lacroix. Dessins gravés de Jules Garnier, 1874, 4 tomes en 10 fasc.

4º **Chevigné** (Comte de). Les Contes Rémois. Douzième édition, précédée de la Muse Champenoise, par Louis Lacour. Dessins de Jules Worms, gravés à l'eau-forte, par Paul Rajon, 1877, 1 vol.

5º **Galland.** Les Mille et une Nuits. Contes Arabes, réimprimés sur l'édition originale, avec une Préface de Jules Janin. Vingt et une eaux-fortes par Ad. Lalauze, 10 vol.

6º **La Fontaine.** Contes de La Fontaine, publiés par D. Jouaust, avec une Préface de Paul Lacroix. Dessins d'Ed. de Beaumont, gravés à l'eau-forte par Boilvin, 2 vol.

7º **La Fontaine.** Fables de La Fontaine, publiées par D. Jouaust, avec l'Eloge de La Fontaine par Chamfort. Dessins d'Emile Adam, gravés à l'eau-forte par Le Rat, 2 vol.

8º **Le Sage.** Histoire de Gil Blas de Santillane, précédée d'une Préface par H. Reynald. Treize eaux-fortes par R. de Los Rios, 4 vol.

9º **Mémoires de M**me **de Staal de Launay,** avec une Préface par Mme la baronne Double, et Quarante-et-une eaux-fortes par Ad. Lalauze. 2 vol.

10º **Montesquieu.** Lettres Persanes, avec une Préface par M. Tourneux. Dessins d'Ed. de Beaumont, gravés à l'eau-forte par Boilvin, 2 vol.

11º **Les Quinze Joyes de mariage,** avec des notes et un glossaire par D. Jouaust, et une Préface de Louis Ulbach. Eaux-fortes par Ad. Lalauze, 1 vol.

12º **B. de Saint-Pierre.** Paul et Virginie, précédé d'une Etude sur les origines de Paul et Virginie, par S. Cambray. Eaux-fortes de Laguillermie, 1 vol.

13º **Scarron.** Le Roman Comique, publié par les soins de D. Jouaust, avec une Préface par Paul Bourget. Eaux-fortes par Léopold Flameng. 3 vol.

14º **Voltaire.** Romans. — Zadig, suivi de Micromégas, préface par Arsène Houssaye. — Candide, ou l'Optimisme. — L'Ingénu, histoire véritable. — La Princesse de Babylone. — Lettres d'Amabed, suivies du Taureau blanc. Eaux-fortes de Laguillermie, 5 vol.

162. **Bibliothèque dramatique** (Petite). *Paris, Librairie Générale,* 1876-1882. 6 vol. in-16, portr., br. couv.

Théâtre de Marivaux — Théâtre de Sedaine — Théâtre de Le Sage — Théâtre de Dufresny. — Théâtre des Boulevards (2 vol.).

163. **BIBLIOTHÈQUE ELZÉVIRIENNE** publiée par P. Janet. *Paris*, 1853-1893, **177** vol. in-16, et album in-8, cart., non rog. (*Cart. des éditeurs.*)

164. **Bibliothèque originale**, publiée par Pincebourde. *Paris*, 1864-1866, 8 vol. in-16, eaux-fortes par Morin, F. Besson, Ulm et Staal, demi-rel. dos et coins de chag. orange, têtes dor., non rog.

> Fréron ou l'illustre Critique, etc., par Ch. Monselet — Les Mystifications de Caillot-Duval — La Vérité sur la mort d'Alexandre le Grand, par E. Littré — La Mort de J. César, par Nic. de Damas — Pétrus Borel, sa vie, ses écrits, sa correspondance, poésies et documents inédits, par J. Claretie — Correspondance intime de l'armée d'Egypte, interceptée par la croisière anglaise — L'Histoire du sieur abbé comte de Bucquoy, singulièrement son évasion du For-l'Evêque et de la Bastille, par Mme Du Noyer — Béranger et son temps par J. Janin, 2 vol.

165. **Bigot** (G.). Croquis Japonais. *Tokio*, 1886, in-fol., br., couv.

166. **Billard** (Ludovic). Bréviaire du Baccara expérimental. Ouvrage tiré à un très petit nombre d'exemplaires avec trois tableaux synoptiques. *Paris, chez l'auteur*, 1883, in-16, demi-rel. dos et coins chag. brun, dos orné, tête dor., non rog.

167. **Blanc** (Louis). Histoire de dix ans (1830-1840) — Histoire de huit ans (1840-1848), par Elias Regnault faisant suite à l'histoire de dix ans, par Louis Blanc. *Paris, Pagnerre*, 1840 à 1860, 8 vol. in-8, portr. et fig., demi-rel. chag. brun, tr. jasp.

168. **Blaze** (El.). Le Chasseur au Chien d'Arrêt, 4e édition, corrigée avec une vignette d'après Debucourt. *Paris, Tresse*, 1846, in-8, br., couv.

169. **Boccace**. Le Décaméron, traduction complète par Antoine Le Maçon. *Paris, I. Liseux*, 1879, 6 vol. in-12, br., couv.

> Exemplaire sur papier de Hollande.

170. **Boettiger** (C. A.). Sabine ou matinée d'une Dame Romaine à la fin du premier siècle de l'Ere Chrétienne, traduit de l'Allemand, par Boettiger. *A Paris, chez Maradan*, 1813, in-8, fig., veau marb.

171. **Boileau**. Œuvres de Boileau Despréaux. Texte de 1701, avec Notice, Notes et Variantes, par Alphonse Pauly. *Paris,*

Al. Lemerre, 1875, 2 vol. in-16, portr. et fig., demi-rel. dos et coins de mar. grenat, têtes dor., non rog. (*Marmin*).

Exemplaire sur **papier de Hollande**, avec le portrait, par Courtry, en **2 états**.

172. **Bois** (Jules). Le Satanisme et la Magie, avec une étude de J.-K. Huysmans. Illustrations de Henry de Malvost. *Paris, L. Challey*, 1895, in-8, br., couv.

173. **Bonhomme** (H.). La Société Galante et Littéraire au XVIIIᵉ Siècle. *Paris, Rouveyre*, 1880, in-8, fig., br., couv.

L'un des **50** exemplaires sur **papier Whatman**, avec les eaux-fortes en **3 états**.

174. **Bonnechose** (Emile de). Histoire d'Angleterre jusqu'à l'époque de la Révolution française, avec un résumé chronologique des événements jusqu'à nos jours. *Paris, Didier et Cie*, 1862, 4 vol. in-8, demi-rel. chagr. rouge, tr. marb.

175. **Bonnetain** (Paul). Le Monde pittoresque et monumental. L'Extrême-Orient. Ouvrage illustré de nombreux dessins d'après nature et accompagné de trois cartes dressées d'après les documents les plus récents. *Paris, Quantin, s. d.*, in-4, demi-rel. mar. La Vall., tête dor., non rog., couv.

176. **Bonvalot** (Gabriel). Du Caucase aux Indes à travers le Pamir. Ouvrage orné de 250 dessins et croquis par Albert Pépin, avec une carte itinéraire du voyage. *Paris, Plon et Cie*, 1889, gr. in-8, demi-rel. dos et coins de chag. rouge, dos orné, tête dor., non rog.

177. **Bordeaux** (Henry). Portraits de Femmes et d'Enfants. *Paris, Plon-Nourrit*, 1909, in-12, br., couv.

Edition originale.
On y joint : Les Écrivains et les Mœurs, Notes, Essais et Figurines. *Paris, Plon-Nourrit*, 1900, in-12, br., couv. (*Édit. orig.*).

178. **Bordier** (H.) et Ed. **Charton**. Histoire de France, depuis les temps les plus anciens jusqu'à nos jours, d'après les documents originaux et les monuments de l'art de chaque époque. *Paris, Magasin pittoresque*, 1859, 2 vol. gr. in-8, demi-rel. chag. La Vall., tête dor., non rog.

179. **Borel** (Petrus). Champavert. Contes immoraux par Petrus Borel, le lycanthrope, eaux-fortes par Adrien Aubry. *Bruxelles, J. Blanche*, 1872, in-8, br., couv.

L'un des **200** exemplaires sur **papier de Hollande** (n° 58).

180. **Borel** (Petrus). Madame Putiphar, préface par M. Jules Claretie. *Paris, L. Willem*, 1877, 2 vol. in-8, fig., cart. dos et coins de vélin vert, têtes dor., non rog., couv.

L'un des **250** exemplaires sur **papier de Hollande** (n° 25).

181. **Boschot** (A.). La Jeunesse d'un Romantique — Un Romantique sous Louis-Philippe. Avec portraits. *Paris, Plon-Nourrit*, 1906-1908, 2 vol. in-12, portr., br., couv.

182. **Bossuet.** Les Oraisons funèbres de Bossuet, suivies du sermon pour la profession de Mme de La Vallière, du Panégyrique de saint Paul et du sermon sur la vocation des Gentils. Avec des Notices par M. Poujoulat. Gravures à l'eau-forte par V. Foulquier. *Tours, A. Mame et Fils*, 1869, gr. in-8, mar. rouge, dent. int., tr. dor.

183. **Bouchot** (Henri). Les Femmes de Brantôme. Ouvrage orné de 30 planches hors texte et de nombreuses gravures dans le texte reproduites d'après les originaux. *Paris, Quantin*, 1890, in-4, br., couv.

184. **Bouchot** (Henri). Les Femmes de Brantôme. Ouvrage orné de 30 planches hors texte et de nombreuses gravures dans le texte reproduites d'après les originaux. *Paris, Quantin*, 1890, in-4, br., couv.

185. **Boufflers.** Œuvres de Stanislas de Boufflers, Membre de l'Institut et de la Légion d'honneur. Édition seule complète, ornée de seize gravures et du portrait de l'auteur. A *Paris, chez Briand*, 1813, 2 vol. in-8, veau jaspé, tr. marb.

Édition ornée de gravures par Marillier, Monnet, Perendt, Vallin, gravées par Dupréel, Delignon, Macret.

186. **Bourget** (Paul). Cosmopolis. Roman illustré d'Aquarelles par Duez, Jeanniot et Myrbach. *Paris, A. Lemerre*, 1893, pet. in-8, br., couv.

Édition du *Figaro*.

187. **Bourguin** (Maurice). Les Systèmes socialistes et l'Evolution économique. *Paris, Armand Colin,* 1904, in-8, br., couv.

188. **Boutet de Monvel** (Illustrations de). Vieilles Chansons pour les petits enfants — La Fontaine. Fables choisies pour les enfants. Illustrations par B. de Monvel. *Paris, Plon-Nourrit, s. d.,* 2 vol. in-4 obl., cart. toile des éditeurs, tr. rouge.

189. **Boysse** (E.). Les Abonnés de l'Opéra (1783-1786). Un frontispice et 4 portraits à l'eau-forte. *Paris, A. Quantin,* 1881, in-8, br., couv.

> L'un des **100** exemplaires sur **papier Whatman** (n° 62), avec les eaux-fortes en **2 états**.

190. **Brachet** (Auguste). L'Italie qu'on voit et l'Italie qu'on ne voit pas. *Paris, Hachette et Cie, Hetzel et Cie,* 1881, gr. in-8, demi-rel. chag. bleu, non rog., couv.

> Envoi autographe de l'auteur.
> On y joint : Urbain Mengin. L'Italie des Romantiques. *Paris, Plon, Nourrit et Cie,* 1902, gr. in-8, br., couv.

191. **Brézé** (L. de). Les Chasses de François Ier, racontées par Louis de Brézé, grand sénéchal de Normandie. Précédées de la Chasse sous les Valois, par le Comte Hector de la Ferrière. *Paris, A. Aubry,* 1869, cart. percal. grise, non rog., couv.

192. **Brizeux** (A.). Les Ternaires. Livre lyrique par A. Brizeux. Deuxième édition, augmentée. *Paris, P. Masgana,* 1842, in-12, br., couv.

193. **Bruant** (A.). Dans la rue — Les Types de Bruant — Sur la route — Aristide Bruant, par Oscar Méténier. Dessins de Steinlen, Poulbot et Borgex. *Paris, A. Bruant, Flammarion, s. d.,* 6 vol. in-12, br., couv.

194. **Buisson** (M. du). Tableau de la Volupté, poèmes en vers par M. D. B. (du Buisson). Réimpression sur l'édition de A Cythère, 1771. *Paris, Ed. Rouveyre,* 1882, in-8, fig., cart. dos et coins de mar. vert, tête dor., non rog. (*Durvand*).

> L'un des **518** exemplaires sur **papier Seychall Mill** (n° 371).

195. **Bussy-Rabutin** (Roger de). Correspondance de Roger de Rabutin, Comte du Bussy, avec sa famille et ses amis (1666-

1693), avec une préface, des notes et des tables, par Ludovic Lalanne. *Paris, Charpentier,* 1858-1859, 6 vol. in-12, cart. dos de mar. noir, non rog., couv.

196. **Byron.** Œuvres complètes de Lord Byron, avec notes et commentaires, comprenant ses mémoires publiés par Thomas Moore et ornés d'un beau portrait de l'auteur. Traduction nouvelle par M. Paulin. *Paris, Dondey-Dupré père et fils,* 1830-1831, 13 vol. in-8, figures de Tony-Johannot, demirel. veau vert, dos ornés, tr. jasp.

197. **Cabanès** (Dr). Gayetez d'Esculape — Poisons et Sortilèges (2 séries) — Les Curiosités de la Médecine. *Paris, Maloine, Plon-Nourrit,* 1900-1909, 4 vol. in-12, fig., br., couv.

198. **Cabanès** (Dr). Les Morts mystérieuses de l'histoire — Napoléon jugé par un Anglais — Molière et les Médecins. *Paris,* 1901, 3 vol. in-8, fig., br., couv.

199. **Cabanès** (Dr). La Névrose révolutionnaire — Marat inconnu. *Paris,* 1891-1906, 2 vol. in-12, portr., br., couv.

200. **Cabanès** (Dr). Remèdes d'autrefois — Mœurs intimes du passé. *Paris, Maloine, A. Michel,* 1905, 2 vol. in-12, fig., br., couv.

201. **CAHIERS DE LA QUINZAINE** publiés par Ch. Péguy. *Paris, 8, rue de la Sorbonne,* 23 fasc. in-12, br., couv.

> Très intéressante publication.
> Jérôme et Jean Tharaud : Dingley l'illustre écrivain ; les Hobereux ; La Lumière : Les frères ennemis : Bar-Cochebat.
> Romain Rolland. Jean Christophe 6 fasc. : La vie de Michel-Ange.
> Emile Moselly. L'aube fraternelle ; Les retours : Le rouet d'ivoire.
> Pierre Mille. Quand Panurge ressuscita : L'Enfant de la Reine Morte.
> Dix contes dans le Nord ; Le livre des Livres ; Juifs ; Juifs Russes ; Cahier de Noël ; Emile Zola.

202. **Cahun** (L.). La Vie Juive, préface de Zadok-Kahn, Illustrations d'Alphonse Lévy. *Paris, Monnier, de Brunhoff,* 1886, in-4, cart. non rog.

203. **Camoëns.** Les Lusiades, traduction en vers français par Hyacinthe Garin. *Lisboa Typographia da Companhia Nacional Editora,* 1889, gr. in-8, portr., cart. de l'Editeur.

204. **Canquetean** (J.). Chansons. *Paris, La Plume*, 1893, in-8, fig., br. couv.

> Exemplaire sur **papier du Japon**.

205. **Capon** (G.). Les Maisons Closes au XVIIIe Siècle ; orné de 2 eaux-fortes par A. Robida. *Paris, H. Daragon*, 1903, in-8, br., couv.

> L'un des **20** exemplaires sur **papier du Japon** (n° 10), avec **4 états** des eaux-fortes.

206. **Capon** (G.). Les petites maisons galantes de Paris au XVIIIe Siècle ; orné de 16 planches hors texte. *Paris, Daragon*, 1902, in-8, br., couv.

> L'un des **10** exemplaires sur **papier du Japon** (n° 5), avec une double suite de gravures en couleurs.

207. **Capon** (G.) et R. **Yve-Plessis**. Les Théâtres Clandestins, ouvrage orné de 8 planches. *Paris, Plessis*, 1905, in-8, br., couv.

> L'un des **500** exemplaires sur **papier vélin** (n° 15).

208. **CARICATURES et PORTRAITS**. Recueil de 40 planches noires et coloriées, par Deveria, Bellangé, Traviès, Philipon etc., etc. (v. 1835), in-4, demi-rel. bas. verte.

209. **Carnégie** (Andrew). L'Empire des Affaires. — L'A. B. C. de l'argent. — La Grande Bretagne jugée par un Américain. *Paris*, 1904, 3 vol. in-12, demi-rel. chag. rouge, non rog., couv.

210. **Casanova**. Mémoires de Jacques Casanova de Seingalt, écrits par lui-même. Edition complète. *Bruxelles, J. Rozez*, 1872, 6 vol. gr. in-8, figures, demi-rel. mar. grenat, tête dor., non rog.

211. **Casati** (G.). Dix années en Equatoria, le retour d'Emin Pacha et l'expédition Stanley, ouvrage traduit avec l'autorisation de l'auteur par Louis de Hessem et enrichi de 170 gravures et de 4 cartes. *Paris, Firmin-Didot et Cie*, 1892, in-4, demi-rel. chag. vert orné, tête dor., non rog.

212. **Cazotte** (Jacques). Œuvres badines et morales, historiques et philosophiques de Jacques Cazotte ; première édition complète. *A Paris, chez J.-F. Bastien*, 1816-1817, 4 vol. in-8, fig. et portr. demi-rel. bas., tr. jasp.

2i3. **Cent Nouvelles nouvelles** (Les). Édition revue sur les textes originaux et illustrée de plus de 3oo dessins par A. Robida. *Paris, Librairie illustrée, s. d.*, 2 vol. in-8, demi-rel. dos et coins de mar. bleu, dos ornés, tête dor., non rog., couv. (*Bretault*).

> Exemplaire auquel on a ajouté : la Suite des 50 dessins de Léon Lebègue, aquarellés d'après les originaux, préface de Jules de Marthold, pub. par Ch. Carrington.

2i4. **Cent Nouvelles nouvelles** (Les). Édition revue sur les textes originaux et illustrée de plus de 3oo dessins par A. Robida. *Paris, Librairie illustrée, s. d.*, 2 vol. in-8, br., couv. impr. en couleurs, dans le cartonn. illust. de l'éditeur.

2i5. **Cervantès.** L'Ingénieux Hidalgo Don Quichotte de la Manche, traduction de L. Viardot, avec les dessins de G. Doré, gravés par H. Pisan. *Paris, Hachette et Cie*, 1863, 2 vol. in-fol., demi-rel. dos et coins de chag. rouge, dos ornés, têtes dor. non rog.

> Premier tirage.

2i6. **Chambard socialiste** (Le). du Samedi i6 Décembre i8g3 au Samedi 8 Juin i8g5. *Paris*, 1893-1895, 78 livraisons en i vol. in-fol., cart., dos de perc. La Vall., non rog.

2i7. **Champfleury.** Balzac au Collège — Balzac sa méthode de travail — Balzac propriétaire. *Paris, A. Patay*, 1875-1879, 3 plaq. in-16, carré, fig., br., couv.

> Éditions originales.

2i8. **CHANSONS.** *Paris, 1861 et années suivantes*, 12 vol. in-12, fig., cart. percal., non rog., couv.

> M. Bouchor. Les Chansons Joyeuses — P. Chambot et A. Girier. La Chanson des Cabots — Durand Dahl. Chansons de Zig et de Zag — Lemercier. La Vie en Chansons — Lemercier. Autour du Moulin — Charles Malo. Les Chansons d'autrefois — Yan Nibor. Chansons et Récits — Yan Nibor. Gens de Mer — Yan Nibor. Nos matelots — P. Romilly. Chansons fragiles — H. de Sarrepont. Chants Militaires de la France — Vincent et Plouvier. Les Refrains du Dimanche.

2ig. **CHANSONS.** *Paris, 1879 et années suivantes*, 19 vol. in-12, fig., br., couv.

> Avenel. Chansons nouvelles — Th. Botrel. Contes du Lit-Clos et Chansons à dire — Th. Botrel. Coups de Clairons — H. Buguet. Gaudrioles et Flons-Flons — Chambot et Girier. La Chanson des Cabots — J. Ferny. Chansons de la Roulotte — H. Fursy. Chansons rosses — Gourdon de Genouillac. Les Refrains de la Rue — E. Gondeau. Chansons de Paris et

d'ailleurs — V. d'Hyspa. Chansons d'Humour — J. Jouy. Les Chansons de l'année — J. Jouy. La Muse à Bébé — C. Mendès. Lieds de France — G. Montoya. Chansons naïves et perverses — Pradels. Chansons — Pradels. Chansons Gauloises — Yan Nibor. La Chanson des Cols bleus — M. de Sarrepont. Chants et Chansons militaires de France — Xanrof. Chansons ironiques.

220. CHANSONS. *Paris,* 1891 *et années suivantes,* 25 vol. in-12, fig., cart. demi-chag. La Vall. foncé, têtes dor., non rog., couv.

Barde. Chansons cruelles, Chansons douces — Bessière. Autour de la Butte — Botrel. Chansons de chez nous — Botrel. Chansons en Sabots — Boukay. Chansons rouges — Boukay. Nouvelles Chansons — Bouvier. Les Chansons du peuple — Croisier. Sans Fard — Delmet. Chansons tendres — Durocher. Chansons de là-haut et de là-bas — Ferny. Chansons de la Roulotte — de Fleurigny. Chansons de la Vie — Fursy. Chansons de la boîte — Jouy. Chansons de Bataille — Lemercier. La Vie en Chansons — Mousy. Chansons du Pavé — Oudot. Chansons Fin de Siècle — Privas. Chansons chimériques — Privas. Chansons vécues — Robin, Chansons de Vendée — Toulet. Chansons du Siècle dernier — Vingtrinier. Chants et Chansons des Soldats de France — Xanrof. Chansons ironiques — Xanrof. Chansons à rire — Xanrof. Chansons sans-gêne.

221. Chansons du Frère Jacques. *Paris, E. Dentu,* 1864, in-8, demi-rel. mar. vert orné, tête dor., non rog.

222. Chanson de Roland (La) traduction nouvelle rythmée et assonancée avec une Introduction et des Notes par L. Petit de Julleville. *Paris A. Lemerre,* 1878, pet. in-8, br., couv.

Exemplaire sur **papier de Hollande.**

223. Chasles (P.). Etudes sur le XVIe Siècle en France. — Etudes sur l'Allemagne ancienne et moderne. — Etudes sur l'Allemagne au XIXe Siècle. — Etudes Contemporaines. *Paris, Amyot, s. d.,* 1854-1866, 4 vol. in-12, demi-rel. dos et coins de mar. La Vall., dos ornés, têtes dor., non rog.

224. Chassang (Maurice). Le Merle au blanc plumage. Images en couleur par Lucien Metivet. *Paris, F. Juven, s. d.,* in-4, demi-rel. bas. citron, tr. jasp.

225. Chefs-d'Œuvre inconnus (Les). Le Faux Chevalier de Warwick — Louise et Thérèse — Bagatelles Morales — Les Confessions du Comte de... — Les Promenades à la Mode — Almanach des Bizarreries humaines — Voyage à Montbard. *Paris, Librairie des Bibliophiles,* 1880-1890, 7 vol. in-12, fig., br., couv.

Exemplaires sur **papier Whatman.**

226. **Cherbuliez** (Victor). La Bête — La Vocation du Comte
Ghislain — Une Gageure. *Paris, Hachette et Cie*, 1887-1890,
3 vol. in-12, br.

Éditions originales, avec les couvertures.

227. **Cholières** (Seig^r de). Les Après-Disnées — Les Neuf Mati-
nées. *Paris, Imprimerie de A. Mertens et Fils*, 1863, 2 vol.
in-16, demi-rel. dos et coins de mar. bleu, dos ornés, têtes
dor., non rog.

228. **Claretie** (Jules). Monsieur le Ministre. Comédie en cinq
actes. — Le Prince de Zilah, pièce en cinq actes. *Paris, E.
Dentu*, 1883-1885, 2 vol. in-8, cartonn. percal. La Vall.
clair, non rog., couv., dos de percal.

Éditions originales.

229. **Claris.** Notre Ecole Polytechnique. Texte et illustrations
par Gaston Claris. *Paris, Librairies Imprimeries réunies,
May et Motteroz*, 1895, in-4, demi-rel. chag. bleu, dos orné,
tête dor., non rog., couv.

230. **Clément de Ris.** Les amateurs d'autrefois. Huit portraits
gravés à l'eau-forte. *Paris, E. Plon et Cie*, 1877, in-8, demi-
rel. veau vert, dos orné, tr. dor., non rog. (*Mallet*).

231. **Clément-Janin.** Le livre d'artiste, décoré d'un portrait
de Benjamin Constant en pointe sèche originale et de douze
études destinées à l'illustration d'Adolphe par G. Janniot.
Paris, Ch. Bosse, 1904, in-4, br., couv.

L'un des **20** exemplaires sur **papier vélin**, avec une suite sur Chine.

232. **COLLECTION ANTIQUE.** *Paris, Quantin*, 1880-1885,
5 vol. in-16, fig., texte encadré, br., couv.

Properce. Les Élégies, Dessins de Besnier, gravures de Méaulle —
Théocrite. Les Idylles, gravures de Méaulle — A. Tatius, Leucippe et Cli-
tophon, gravures de Méaulle — Apollonius de Rhodes, Jason et Médée,
gravures de Méaulle — Ovide. Les Amours, Dessins de Meyer, gravures
de Méaulle.
Exemplaires sur **papier du Japon**.

233. **Collection antique.** *Paris, Quantin*, 1881-1889, 8 vol.
in-16, fig., texte, encadrem., br., couv.

Exemplaire sur papier vélin.
Apollonius de Rhodes — Jason et Médée, gravures de Méaulle — Théocrite. Les Idylles, gravures de Méaulle — Poésies d'Anacréon et de Sapho.

Illustrations de P. Avril — Properce. Les Elégies, gravures de Méaulle — Horace. Odes et Episodes, gravures de Méaulle — Lucius. L'âne. Illustrations de Poirson — Catulle. Odes à Lesbie. Illustrations de Poirson — Virgile. Les bucoliques. Illustrations d'Auguste Leloir.

234. **Collection-Bijou.** Atala, suivie de René — Psyché — Aminte — Anacréon Idylles — L'Orestie. *Paris, Librairie des Bibliophiles*, 1877-1889, 6 vol. in-16, br., couv.

Exemplaires sur **papier Whatman** avec les dessins d'Em. Lévy et Ranvier, gravés à l'eau-forte. Dessins de Giacomelli, gravés sur bois.

235. **Collection Calmann-Lévy.** *Paris*, 1880-1894, 12 vol. in-12, carré, br., couv.

L'affaire Nayl — Deux Mariages — Les derniers jours de Heine — Histoires d'Hiver — Les Inutiles du Mariage — Mémoires de H. Heine — Le Nez d'un Notaire — Souvenirs intimes de Henri Heine — Le Théâtre chez Madame -- Tiphaine — Les trois dames de la Kasbah— La Vie Parisienne sous Louis XVI.

236. **Collection Charavay.** *Paris, Charavay Frères*, 1879 *et années suivantes*, 9 vol. pet. in-8 et in-12, br., couv.

Madame Edmond Adam. La Chanson des Nouveaux Epoux — Jullien. Hector Berlioz — A. de Vigny et Ch. Baudelaire — Luigi da Porto. Guiletta et Romeo — Lettres grecques de Madame Chenier — Un artiste oublié, J.-B. Massé, peintre de Louis XV — Emile Campardon. Les Prodigalités d'un fermier général -- St-Evremond. La Comédie des Académiciens — Tourneux. Prosper Mérimée.

237. **Collection Charavay.** *Paris Charavay, s. d.* (1881), 2 plaq. in-12, br., couv.

Bonhomme. Madame de Pompadour, général d'armée (fig. en 3 états)— Benard (Adjoint). Le Blocus de Vincennes en 1815, publié par Albert Philippe.
Exemplaires sur **papier de Chine**.

238. **Collection Guillaume** (petite). *Paris, E. Dentu*, 1892, 12 vol. in-16, fig., br., couv.

Lord Byron. Le Corsaire. Illustrations de Gambard et Mittis — Cervantès. La Jitanilla. Illustrations de Conconi et Marold — Chateaubriand. Atala. Illustrations de Gambard, Marold et Rossi — Alphonse Daudet. L'Arlésienne. Illustrations de Gambard et Marold — E. et J. de Goncourt. Armande. Illustrations de Marold — Gœthe Werther. Illustrations de Marold — Edgar Poé. Le Scarabée d'or. Illustrations de Mittis — Abbé Prévost. Manon Lescaut. Illustrations de Conconi, Marold et Rossi — B. de St-Pierre. Paul et Virginie. Illustrations de Gambard et Marold — Rosny Printemps parfumé. Illustrations de Marold et Mittis — Natesa Sastri. Le Porteur de Sachets. Illustrations de Gambard et Marold — Valmiki. L'Exil de Rama.

239. **Collection Guillaume.** Victor Hugo. Notre-Dame de Paris — Pierre Loti. Madame Chrysanthème. *Paris, Ed. Guil-*

laume, 1888, 2 vol. in-16, fig., br., couv., sculptée de Falguière, double emboîtage.

Exemplaire sur **papier vélin** avec les illustrations de Rossi, Myrback Bieler, Falguière, gravées par Ch. Guillaume.

240. **Collection historique du Bibliophile Parisien.** *Paris, Léon Willem*, 1876-1881, 3 vol. pet. in-8, br., couv.

A. Bonnardot. Les Rues et Eglises de Paris vers 1500, etc — D.-G. Saint-Joanny. Registre des délibérations et ordonnances des Marchands merciers de Paris. 1596-1696 — L'Hôtel de la Reine Marguerite, première femme d'Henri IV.
Exemplaires sur **papier de Hollande.**

241. **Collection Lemerre Illustrée.** *Paris, Al. Lemerre*, 1893 *et années suivantes*, 6 vol. in-16, fig., br., couv.

Paul Bourget. Un Scrupule. Illustrations de Myrbach, gravées par L. Rousseau — François Coppée. Rivales. Illustrations de Moisand, gravées par Ruffe — Alfred de Musset. Le Fils du Titien Croisille. Illustrations de Paul Chabas, gravées par L. Rousseau — Alfred de Musset. Frédéric et Bernerette. Illustrations de Myrbach, gravées par Privat-Richard — Marcel Prévost. Le Mariage de Juliette. Illustrations de Paul Chabas, gravées par Romagnol — Marcel Prévost. Le Moulin de Nazareth. Illustrations de Myrbach, gravées par F. Horrie.

242. **COLLECTION ED. MONNIER,** 41 vol. in-8, cart. dos et coins de mar. diverses couleurs, têtes dor., non rog.

Guy de Maupassant. Clair de lune. Illustrations de Arcos, Jeanniot, Adrien Marie, Rochegrosse, etc., etc., 1884 — A. Carel. Folles de leur corps Illustrations de Hope, 1884 — Ch. Foley. Les Saynètes. Décors de Joseph Roy, 1884 — Histoires débraillées, par l'auteur des Pommes d'Eve, illustrées par de Joyeux Artistes, 1884 — A. de Nouval. Contes Salés. Illustrations de J. Roy, 1884 — Pommes d'Ève. Douze Contes en chemise, par Une jolie Fille. Illustrations de Joseph Roy, 1884 — Péchés Mortels, par Guy de Saint-Môr. Illustrations de F. Bac, Adrien Marie, Rochegrosse. Roy, Scott, etc., 1884 — Guy de Saint-Môr. Ça porte Bonheur, illustré par Bac, 1885 — Armand Dubarry. Monsieur le Grand Turc. Illustrations de Leiris, 1885 — Contes du Figaro, par du Boisgobey, Claretie, Coppée, Etincelle, Mary, Monselet, Mortier, Richard, Villiers de l'Isle-Adam. Illustrations de Myrbach, 1885 — Joseph Gayda. Ce Brigand d'Amour. Huit eaux-fortes par Louis Legrand. 1885 — Léon Cladel. Petits Cahiers. Illustrations de Gambard, 1885 — Edouard Montagne. La Feuille à l'Envers. Illustrations de Gorguet et Fau, 1885 — Dubut de Laforest. Contes à la Paresseuse. Illustrations de Destez, Fau, Gambard, Legrand, Myrbach, Rochegrosse, Willette, etc., 1885 — Claude Vignon. Vingt jours en Espagne, 1885 — Marquis de Valognes (Joséphin Peladan). Femmes Honnêtes ! avec un front. de F. Rops et 12 compositions de Bac, 1885. 2 vol. — Henri de Leyne. Le Lieutenant Cupidon. Joyeusetés Militaires. Illustrations de Jeanniot, 1885 — Catulle Mendès. Lila et Colette. Illustrations de Gambard et Roy, 1885 — Ange Bénigne. A Demi-Mot. Illustrations de J. Parys et J. Roy, 1886 — Camille Lemonnier. Les Concubins. Illustrations de Fernand Fau, 1886 — Henri Lavedan. Reine Janvier. Illustrations d'Aug. Gorguet. 1886 — Charles Richard Malingreux. Illustrations de Ary Gambard. 1886 — Gyp. Une Gauche célèbre. Illustrations de Aug. Gorguet, 1886 — Arsène Arüss. Sottlisier, préface d'Albert Millaud. Illustrations de Japhet, Maso, Montégut, Robiquet, etc., 1886 — Louis Ulbach. Amants et Maris. Illustrations de F. Bac, 1886 — Maurice Talmeyr. Histoires Joyeuses et Funèbres. Illustrations de F.

Lunel, 1886 — Edouard d'Aubram. A l'Index. Illustrations de Lunel, 1887 — Edouard Cadol. Le Cheveu du Diable. — Voyage fantastique au Japon. Illustrations de Wogel, Choubrac, Destez, Myrbach, Roy et Willette, s. d. — Henry Buguet. L'Esprit des Enfants, illustré par Choubrac — Armstrong, L'Économie de l'Amour. Illustrations de Fau, 1886 — Edouard Cadol. Le Cheveu du Diable. Illustrations de Wogel, s. d. — Ed. Monnier. Catalogue Illustré, s. d. — Alfred de Sauvenière. Les Piments Rouges. Illustrations de Lunel et Steinlem, 1887 — Camille Lemonnier. La Comédie des Jouets. Dessins de Bac, Steinlein, etc., 1888 — Th. Maisonneuve. Amours de Fauves. Illustrations de Bac, Fau, Gallice, 1886 — Paul Devaux-Mousk. Fleurs du Persil. Illustrations de Galice, 1887 — Jean Floux. Les Maîtresses. Illustrations de J. Berend. Benjamin, Constant, Vignal, etc., 1886 — Judith Clavel. Le Livre Pochi. Illustrations de Ary, Gambard et Lunel. Décorations de Galice et Stein, s. d. — Garin de Lamorflan. Saint-Brieuc et ses Plages. Illustrations de Th. Busnel, s. d. — Le Conseil Municipal, peint par lui-même, s. d.

243. **Collection Polychrome.** *Paris, Charpentier*, 1894-1900, 4 vol. in-12, fig. noires et coloriées, br., couv.

Un Siècle de Modes Féminines, 1794-1894 — Emaux et Camées, par Th. Gautier — Aristophane, Lysistrata — Pierre Louys. Les Chansons de Bilitis.

244. **Collection Quantin.** *Paris, Quantin*, 1883-1884, 4 vol. in-16, fig., br., couv.

Beaumarchais. Le Barbier de Séville, cinq eaux-fortes de Valton, gravées par Abot — Le Mariage de Figaro. cinq eaux-fortes de Valton, gravées par Abot — Le Sage. Turcaret, cinq dessins de Valton, gravés par Gaujean — Xavier de Maistre. Voyage autour de ma chambre, six gravures de C. Delort.

245. **Colombey** (E.). Correspondance authentique de Ninon de Lenclos comprenant un grand nombre de lettres inédites et suivie de la Coquette vengée avec une Introduction et des Notices par Emile Colombey. *Paris, E. Dentu*, 1886, pet. in-8, portr., br.

Edition originale, avec la couverture.
Exemplaire sur **papier du Japon**.
On y joint : Memoires sur la Vie de Mademoiselle de Lenclos, par M. B****, à *Amsterdam, chez Joly*, 1759, in-12 portr. percal., non rog.

246. **Combes** (Emile). Une Campagne laïque (1902-1903). Préface par Anatole France. *Paris, Simonis Empis*, 1904, in-8 en feuilles, couv.

247. **Constant** (Benjamin). Adolphe, portrait gravé par Courbouin, d'après Desmarais préface par Paul Bourget. *Paris, L. Conquet*, 1889, in-12, br., couv.

L'un des **200** exemplaires sur **papier Whatman**, offert à M. Grenon.

248. **Contemporaine** (La), en Égypte pour faire suite aux souvenirs d'une femme sur les principaux personnages de la République, du consulat, de l'empire et de la Restauration. Troisième édition. *Paris, Moutardier*, 1833, 6 vol. in-8, demi-rel. toile verte, tr. jasp.

Par Ida Saint-Elme.

249. **Contes de Gil-Blas** (Les). *Paris, Marpon et Flammarion*, s. d., 3 fascicules in-8, fig. br., couv.

Arène. Les Coups de fusil — Th. de Banville. La Dame anglaise — L. Cladel. Ça ! non ! — P. Ginisty. La Demoiselle en deuil — Groselande. La Jolie Parfumeuse — P. Hervien, Le Taureau de Jouvet — René Mazeroy. Thérèse Vigneaux — Guy de Maupassant, Un Echec — Catulle Mendés. Le Prix de la gloire — Joseph Mouset. La Balle de Pierrot — Armand Silvestre. Le Melon pastoral.

250. **Cooper** (Fenimore). La Prairie — Le Dernier des Mohicans — Les Pionniers. Traduction de M. Louisy. Dessins de M. Andriolli. Gravure de M. J. Huyot. *Paris, Firmin-Didot et Cie*, 1884-1885, 3 vol. gr. in-8, br., couv.

251. **COPPÉE** (François). **Œuvres complètes.** Edition ornée d'un portrait de l'auteur gravé par L. Flameng et illustré de 10 dessins de M. Fr. Flameng et de 2 dessins de M. Tofani, gravés au burin par Boisson, Boutelié, Dubouchet, etc. *Paris, A. Lemerre*, 1885-1898, 15 vol. in-8, br., couv.

252. **Corbière** (Edouard). La Mer et les Marins, Scènes maritimes. *Paris, J. Bréauté*, 1833, in-8, cart. dos de percal. verte, tête dor., non rog., couv.

253. **Corroyer** (Ed.). Description de l'abbaye du Mont Saint-Michel et de ses abords, précédée d'une Notice historique. *Paris, Dumoulin*, 1877, in-8, fig., br., couv.

254. **Courteline** (G.). Le train de 8 h. 47. Illustrations en couleurs d'Albert Guillaume. *Paris, Ernest Flammarion, s. d.*, in-4, br., couv. illust.

255. **Cousin** (Victor). Introduction à l'Histoire de la Philosophie — Histoire de la Philosophie au XVIIIe Siècle (2 vol.) — Cours d'Histoire de la Philosophie Morale au XVIIIe Siècle (2 vol.) — Cours d'Histoire de la Philosophie moderne — Cours de Philosophie — Philosophie scholastique — Philosophie

ancienne — Fragments philosophiques (2 vol.) — Leçons sur
la philosophie du Kant. *Paris*, 1840-1842, 12 vol. in-8, demi-
rel. dos veau fauve, dos ornés, tr. marb.

256. **Cousin** (Victor). Madame de Longueville. Études sur les
femmes illustres et la société du XVII⁰ Siècle. *Paris, Didier
et Cie*, 1859, 2 vol. in-8, portr., br., couv.

257. **Crébillon le fils.** L'Ecumoire. Histoire Japonaise, avec les
curieuses figures de l'édition de Pékin (Paris), 1733. *Bruxelles, Kislemaeckers,* 1733-1784, in-8, br., couv.

258. **Curel** (François de). L'Amour brode, pièce en trois actes.
Paris, Tresse et Stock, 1893, in-8, cart. demi-percal. rouge,
tête dor., non rog., couv.

> Edition originale.

259. **Dante.** La Divine Comédie de Dante Alighieri, traduction
nouvelle par V. de Saint-Mauris. *Paris, Amyot,* 1853, 2 vol.
in-8, br., couv.

260. **Darzens** (Rodolphe). Nuits à Paris. Illustrées de cent croquis par Willette — La Critique de Nuits à Paris. Autographe
de Rodolphe Darzens et trois dessins inédits par A. Willette.
Paris, E. Dentu, 1889-1890, 2 parties en 1 vol. in-12, demi-
rel. dos et coins de mar. La Vall. clair, non rog., couv.

261. **Darzens** (Rodolphe). Le Théâtre Libre, illustré de dessins
par L. Métivet, préface de Jean Aicard. *Paris, E. Dentu,* 1890,
2 vol. gr. in-8, br., couv.

262. **Daudet** (Alphonse). La Fédor — L'Obstacle — Les Rois en
Exil — Rose et Ninette — Trente ans de Paris (1 portrait
ajouté) — Le Trésor d'Arlatan. *Paris,* 1888-1897, 6 vol. in-12,
fig., br., couv.

263. **Daudet** (Alphonse). Lettres de mon moulin (portr.) — Contes du Lundi. *Paris, Al. Lemerre, s. d.,* 2 vol. in-16, mar.
vert jans., dent. int., tr. dor.

264. **Daudet** (Alphonse). Robert Helmont. Journal d'un solitaire. Dessins, Aquarelles de Picard et Montegut. Gravure de
Guillaume frères. *Paris, E. Dentu,* 1888, in-12, br., couv.

> Exemplaire sur **papier du Japon** (n⁰ 34).

265. **Daudet** (Alphonse). Tartarin sur les Alpes, nouveaux exploits du héros tarasconais. Illustré d'aquarelles par Aranda, de Beaumont, Montenard, de Myrbach, Rossi, gravure de Guillaume frères. *Paris, Calmann Lévy,* 1885, in-8, demi-rel. dos et coins de mar. rouge, tête dor., non rog., couv. (*Champs*).

Exemplaire sur **papier du Japon**.

266. **DAUDET** (Alphonse). **Œuvres complètes.** Fromont Jeune et Risler Aîné — Jack (2 vol.) — Le Petit Chose — Aventures prodigieuses de Tartarin de Tarascon — Lettres de mon moulin — Les Rois en Exil — Le Nabab — Numa Roumestan. *Paris, Dentu et Charpentier,* 1881-1887, 8 vol. gr. in-8, fig., br., couv.

267. **Dayot** (Armand). Journées Révolutionnaires, 1830-1848. *Paris, E. Flammarion, s. d.,* in-4 obl., demi-rel. chag. rouge, tr. jasp.

268. **Delavigne** (Casimir). Œuvres complètes. Théâtre (4 vol.). — Messéniennes — Derniers Chants. Nouvelle édition. *Paris, Didier,* 1855, 6 vol. in-8, fig. de Tony Johannot, gravées par Blanchard, Lacour, etc., demi-rel. mar. vert, dos ornés, tr. jasp.

269. **Delmet** (Paul). Chansons du Quartier Latin. Dessins de Paul Balluriau. *Paris, Enoch et Cie, s. d.,* in-fol., br., couv. illust.

L'un des **15** exemplaires sur **papier de Hollande** (n° 4).
On y joint: Chansons de Paul Delmet. Lithographies de A. Willette. *Paris, H. Tellier, s. d.,* gr. in-8, br., couv.

270. **Delmet** (Paul). Chansons pour la Jeunesse. Sélection de 20 Mélodies. *Paris, Enoch, s. d.,* in-4, demi-rel. dos et coins de mar. rouge, tête dor., non rog., couv. (*Loisellier*).

271. **Delon** (Ch.). Notre capitale Paris, avec une préface de Léon Cladel. *Paris, Georges Maurice,* 1888, in-4, fig., br., couv.

272. **Delord** (Taxile). Histoire du Second Empire (1848-1869). *Paris, Germer-Baillière,* 1869, 6 vol. in-8, demi-rel. mar La Vall., dos ornés, têtes dor., non rog., couv.

273. **Delvau** (Alfred). Les Chimères. *S. l. n. d.*, in-4, cart. percal. grise, non rog.

Edition originale.

274. **Delvau** (Alfred). Les Chimères — Mémoires du vieux sou. *Paris, s. d.*, 2 plaquettes in-4, fig., demi-rel. dos et coins mar. citron, têtes dor., non rog.

275. **Delvau** (Alfred). Collection des Romans de Chevalerie, mis en prose française moderne, avec illustrations. *Paris, Bachelin-Deflorenne*, 1869, 4 vol. in-4, br., couv. illust.

276. **Delvau** (Alfred). Le Fumier d'Ennius, avec une eau-forte de Léopold Flameng — Mémoires d'une Honnête Fille, avec le portrait de l'auteur par G. Staal. *Paris, Achille Faure*, 1865, 2 vol. in-12, br., couv.

277. **Demesse** (Henri). Les Récits du Père Lalouette. Illustrations par MM. Giacomelli, Maurice Leloir, Edmond Morin, Daniel Vierge, etc. *Paris, P. Ollendorff*, 1882, in-8, carré, br., couv.

L'un des **500** exemplaires sur **papier teinté** (n° 507).

278. **Demolder** (Eug.). La Légende d'Yperdamme. Avec une couverture et 9 dessins hors texte d'Etienne Morannes. Un frontispice, un dessin hors texte, une étude et trois vignettes de Félicien Rops. *Paris, Mercure de France*, 1896, in-4, br., couv.

279. **Déroulède** (Paul). Chants du Soldat. Dessins et aquarelles de de Neuville, Detaille, Fraipont, Girardet, etc., etc. Gravure de Guillaume Frères. *Paris, Calmann-Lévy*, 1888, in-8, cartonn. de l'éditeur, tête dor., non rog.

280. **Desaugiers.** Chansons et Poésies diverses. *Paris, Dufey et Delloye*, 1834, 4 tomes en 2 vol. in-32, fig., demi-rel. v. f., tr. marb.

281. **Desjardins** (G.). Recherches sur les drapeaux français, oriflamme, bannière de France, marques nationales, couleurs du roi, drapeaux de l'armée, pavillons de la marine. *Paris, A. Morel et Cie*, 1874, gr. in-8, demi-rel. veau, dos orné, tr. rouge, non rog., couv.

282. **Desveaux-Vérité**. Paris, sa Gloire et ses Vérités par les Ombres de Henri Callot. *Paris, Hachette et Cie, s. d.*, in-4, obl., fig. col., demi-rel. dos et coins mar. rouge, tête dor., non rog., couv. (*Loisellier*).

283. **DEULIN** (Charles). **Contes d'un Buveur de Bière**. Cent illustrations de P. Kauffmann, gravures sur bois de MM. Quesnel et Villemsens. *Paris, G. Boudet, s. d.*, gr. in-8, br., couv.

284. **Didorot**. Paradoxe sur le Comédien. Edition critique, avec introduction, notes, fac-similé par Ernest Duruy. *Paris, Lecène, Oudin et Cie*, 1902, in-4, cartonn. dos de percal. rouge, tête dor., non rog., couv.

285. **Dierx** (Léon). Œuvres complètes. *Paris, Al. Lemerre*, 1894-1896, 2 vol. in-16, br., couv.

286. **Dive** (P.). et E. **Ducéré**. La Belle Armurière ou un siège de Bayonne au Moyen-âge. *Paris, G. Hurtrel*, 1886, in-12, fig., br., couv. dans un carton.

287. **Dolet** (Etienne). Le Second Enfer, suivi de sa traduction, des deux dialogues platoniciens l'Axiochus et l'Hipparchus. Notice Bio-Bibliographique par un bibliophile. *Paris, Académie des Bibliophiles*, 1868, pet. in-8, demi-rel. de chag. rouge, tête dor., non rog.

L'un des **235** exemplaires sur **papier vergé** (n° 16).

288. **Dorat**. Les Baisers, précédés du mois de Mai. Réimpression textuelle sur l'édition originale de 1770 avec les figures d'Eisen. *Rouen, Lemonnyer*, 1880, gr. in-8, demi-rel. dos et coins de mar. orange, dos orné, tête dor., non rog., couv. (*Lanscelin*).

Exemplaire sur **papier de Hollande** avec **2 états** des planches.

289. **Dorat**. Les Tourterelles de Zelmis, poème en trois chants. *Rouen, Lemonnyer*, 1880, pet. in-8, fig., br., couv.

L'un des **65** exemplaires sur **papier Whatman** (n° 92), avec les figures en **3 états**.

290. **Dorville** (Max). La Grande Armée. Légendes, contes et récits militaires adaptés de « La Légende de l'Aigle » de G.

d'Esparbès. Couverture et dessins de G. Tiret-Bognet. *Paris,
Oudet*, 1895, in-4, fig., demi-rel. dos et coins mar. rouge,
tête dor., non rog., couv. (*Loisellier*).

291. **Doublet** (J.). Les Elégies de Jean Doublet, Dieppois, reproduites d'après l'édition de 1559, avec la vie du poète par Guillaume Colletet, une préface et des notes par Prosper Blan-
chemain. *Rouen, H. Boissel*, 1869, in-8, demi-rel. dos et coins
de mar. La Vall., tête dor., non rog., couv.

> Tirage extraordinaire à **50** exemplaires (n° 25).

292. **Doucet** (Jérôme). La Chanson des Choses. Illustrations des
principaux artistes de ce temps. *Paris, H. May, s. d.*, in-4,
fig. noires et col., demi-rel. dos et coins de mar. rouge, tête
dor., non rog., couv. (*Loisellier*).

293. **Doucet** (Jérôme). Trois lettres de Femmes. Dix Illustrations de Louis Marold. *Paris, Revue Illustrée*, 1900, plaq. in-
8, br., couv.

> L'un des **50** exemplaires sur **papier de Chine** (n° 33), avec une
> suite des figures hors texte.

294. **DOUCET** (Jérôme). Trois lettres de Femmes. Dix illustrations de Louis Marold. *Paris, Revue Illustrée*, 1900, plaq. in-
8, br., couv.

> L'un des **20** exemplaires sur **papier Whatman** (n° C), tirés pour
> les XX, paraphé : Jérôme Doucet.

295. **Dreyfus** (A.). Cinq années de ma Vie (1894-1899). *Paris,
E. Fasquelle*, 1901, in-8, br., couv.

> L'un des **50** exemplaires sur **papier du Japon** (n° 5).

296. **Ducis** (J.-F.). Œuvres de J.-F. Ducis. *Paris, chez A. Nepveu*, 1826, 4 vol. in-8, demi-rel. dos et coins veau fauve, tr.
marb.

297. **Ducros** (Emmanuel). Poèmes du Midi. *Paris, A. Lemerre*,
1896, in-4, figures, br., couv.

298. **Ducrot** (Général). La Défense de Paris (1870-1871), par le
Général Ducrot. *Paris, E. Dentu*, 1875-1878, 4 vol. in-8, cart.
dos et coins de percal., non rog.

299. **Duhamel** (Henry). Au Pays des Alpins. *Grenoble, Falque et Perrin*, 1899, in-4, fig., br., couv., emboîtage.

300. **Dulaure**. Histoire de Paris, physique, civile et morale, par J.-A. Dulaure, annotée et continuée jusqu'à nos jours par Leynadier. *Paris, Dufour, Mulat et Boulanger*, 1856, 8 vol. gr. in-8, portr. et fig., demi-rel. veau, tr. jasp.

301. **Dumas père** (Alexandre). Bouts Rimés. *Paris, Librairie du Petit Journal*, 1865, in-12, br., couv.

Envoi autographe signé de l'auteur.

302. **Dumas père** (Alexandre). Un Mariage sous Louis XII, comédie en cinq actes. *Paris, Marchant*, 1841, in-8, demi-rel. veau vert clair, tête rouge, non rog., couv.

Edition originale.

303. **DUMAS père** (Alexandre). Romans. Théâtre. *Paris, Michel Lévy frères*, 190 vol. in-12, cart. dos de percal., demi-rel. chag.

304. **Dumas fils** (Alexandre). Les Femmes qui tuent et les Femmes qui votent. *Paris, Calmann-Lévy*, 1880, in-12, demi-rel. dos et coins chag. rouge, tête dor., non rog., couv. *(Chapalain)*.

L'un des **12** exemplaires sur **papier Whatman** (nº 4).

305. **DUMAS FILS** (Alexandre). La princesse de Bagdad. Pièce en trois actes. — Francillon. Pièce en trois actes. — Denise. Pièce en quatre actes. — Histoire du Supplice d'une Femme. La Princesse Georges, Pièce. — Les Idées de Mlle Aubray. Comédie. *Paris, Michel Lévy Frères*, 1865, *et années suivantes*, 6 vol. in-8, cart. dos et coins percal., dont 2 br., couv.

Editions originales.

306. **Duranty**. Théâtre des Marionnettes du jardin des Tuileries. Texte et composition des dessins par M. Duranty. *Paris, Dubuisson et Cie, s. d.*, (1863), gr. in-8, nombr. vign., en-têtes et planches hors texte color., cart. mar. chag. La Vall., tête dor., non rog.

Exemplaire provenant de la bibliothèque de M. A. Piat.

307. **Durocher** (L.). La Marche au Soleil. Epopée de la mission Marchand. Dessins de Léon Leroy. *Paris, Flammarion,* s. d., in-4, obl., fig. col., demi-rel. dos et coins de mar. rouge, tr. dor., non rog., couv. (*Loisellier*).

308. **DURUY** (Victor). **Histoire des Grecs** depuis les temps les plus reculés jusqu'à la réduction de la Grèce en province romaine. Nouvelle édition revue, augmentée et enrichie d'environ 2000 gravures dessinées d'après l'antique et 50 cartes ou plans. *Paris, Hachette et Cie,* 1887-1889, 3 vol. in-4, demi-rel. dos et coins de chag. vert foncé, dos ornés, têtes dor., non rog. (*Magnier et ses fils*).

309. **DURUY** (Victor). **Histoire des Romains.** *Paris, Hachette et Cie,* 1879-1885, 7 vol. gr. in-8, fig., demi-rel. dos et coins de chag. vert, dos ornés, têtes dor., non rog.

310. **Duvert** (F.-A.). Théâtre choisi. *Paris, Charpentier,* 1877-78, 6 vol. in-12, portraits, demi-rel. chag. rouge, têtes dor., non rog.

311. **Ecrin du Bibliophile.** Trois Dizains de Contes Gaulois — Les Après-Soupers — Les Bijoux des Neuf-Sœurs. *Paris, Ed. Rouveyre,* 1882-1884, 3 vol. in-12, fig., br.

312. **Edition du Bibliophile.** *Bruxelles, Henry Kistemœckers,* 1879-1883, 15 vol. in-16, portr. br., couv.

> Léon Cladel. Petits Cahiers. Eau-forte de L. Lenain — Francis Enne. D'après Nature. Eau-forte de L. Lenain — Léon Hennique. Deux Nouvelles. Portrait de Michiels — Camille Lemonnier. Le Mort. Portrait de Lenain — Pierre Elzéar. La Femme de Roland. Eau-forte de Lynen — Huysmans. A Vau-l'eau. Eau-forte de Lynen — Guy de Maupassant. Mlle Fifi. Eau-forte par Just — Catulle Mendès. Le Crime du Vieux Blas. Portrait en taille douce — Lucien Descaves. Une Vieille Rate. Portrait en taille douce — G. Godde. Le Scrupule du Père Duriou. Eau-forte de Just — Harry. Alis. Les Pas de Chance. Eau-forte de Brunin — Paul Alexis. Le Collage. Eau-forte par Th. Hannon — Maizeroy. L'Amour qui saigne. Portrait en héliogravure — Edouard Rod. La Chute de Miss Topsy. Portrait par A. Descaves — Francis Enne. D'après nature. Eau-forte de Brunin.

313. **Editions Calmann-Lévy.** *Paris, Calmann-Lévy, s. d.,* 5 vol. in-8, portr., br., couv.

> Lemoine et Lichtenberger. De La Vallière à Montespan — Souvenirs de la Duchesse de Dino — Villeneuve-Guibert (Cte de) Correspondance entre Mademoiselle de Lespinasse et le Comte de Guibert — La Vie Intime d'une Reine de France au XVII⁰ Siècle — Baron de Batz. La Vie et les Conspirations de Jean, Baron de Batz.

3i4. **Editions Calmann-Lévy.** *Paris, Calmann-Lévy,* 1892 *et années suivantes,* 5 vol. in-8, portr., br., couv.

> De Chabreul. Gouverneur de Princes, 1737-1830 — Henri de Rothschild. Lettres inédites de Jean-Jacques Rousseau — Berthelot. Science et Libre Pensée — Victor-Hugo. Correspondance, 1815-1835 — Georges Michel. Léon Say. Sa Vie, ses OEuvres.

3i5. **Editions Plon.** *Paris, Plon-Nourrit et Cie,* 1893 *et années suivantes,* 6 vol. in-8, br., couv.

> A. Chuquet. Stendhal-Beyle — G. Bapst. Le Maréchal Canrobert — G. Stenger. Le Retour des Bourbons — G. Maugras. Dernières années du Roi Stanislas — H. Welschinger. Le Maréchal Ney — Correspondance du Comte de Juncourt avec le Prince de Talleyrand.

3i6. **Editions Plon.** *Paris, Plon-Nourrit et Cie,* 1897 *et années suivantes,* 6 vol. in-8, br., couv.

> A. Vandal. L'Avènement de Bonaparte — Mémoires de la Comtesse de Boigne — H. Thirion. Madame de Prie — H. Gauthier-Villars. Le Mariage de Louis XV — Comte Fleury. Carrier à Nantes — Lettres du Prince de Metternich à la Comtesse de Lieven.

3i7. **Edmond** (Charles). Voyage dans les Mers du Nord à bord de la corvette la Reine Hortense. Dessins de M. Karl Girardet d'après les aquarelles de MM. Ch. Giraud et d'Abrantés. *Paris, Michel-Lévy,* 1857, gr. in-8, chag. vert, dent. int. tr. marb.

3i8. **Erasme.** Les Colloques ; nouvellement traduits par Victor Develay et ornés de vignettes gravées à l'eau-forte par J. Chauvet. *Paris, Librairie des Bibliophiles,* 1875-76, 3 vol. in-8, portr. et fig., demi-rel. dos et coins de mar. bleu, têtes dor., non rog. couv.

> L'un des **200** exemplaires tirés sur **papier vélin** (n° 75).

3i9. **Erckmann-Chatrian.** Romans Nationaux — Romans populaires — Histoire d'un paysan — Contes et Romans alsaciens. Illustrés par Théophile Schuler, Benet, etc. *Paris, Hetzel et Cie, s. d.,* 4 vol. gr. in-8, demi-rel. chag. La Vall., tr. jasp.

3a0. **Escrime.** Baron de Vaux. Les hommes d'Epée. Préface par Aurélien Scholl. *Paris, Ed. Rouveyre,* 1882, in-8, fig., br., couv.

> L'un des 600 exemplaires sur papier vergé (n° 80).
> On y joint : Vigeant, L'Almanach de l'Escrime, dessins de Regamey, eaux-fortes de Ch. Courtry. *Paris, Quantin,* 1889, in-8, cart. dos de mar. La Vall., tête dor., non rog., couv.
> L'un des 500 exemplaires sur papier vélin (n° 274).

321. **Estancelin** (L.). Recherches sur les voyages et découvertes des navigateurs normands. *Paris, A. Pinard,* 1832, in-8, cart. percal. verte, non rog., couv.

322. **Estienne** (H.). Apologie pour Hérodote avec Introduction et Notes par P. Ristelhuber. *Paris, I. Liseux,* 1879, 2 vol. in-8, br., couv.

> Exemplaire sur **papier de Hollande**.

323. **Etrennes aux Dames** pour les années 1881 à 1885 inclus. *Paris, Charavay frères,* 1881-1885, 5 vol. in-32, pap. de Holl., br., couv. illust. emboîtages.

> Almanachs dédiés aux Dames, composés d'articles de H. Gréville, V. Hugo, A. Daudet. A. Theuriet, Th. Gautier, J.-M. de Hérédia, A. France, etc., etc., et ornés de 5 portraits de femmes gravés à l'eau-forte par F. Régamey et Boulard fils.

324. **Etudes littéraires.** *Paris,* 1889 *et années suivantes,* 6 vol. in-12, br., couv.

> Sainte-Beuve. Chateaubriand et son groupe littéraire sous l'empire (2 vol.) — Taine. Sa Vie et sa Correspondance — A. Aulard. Historien de la Révolution Française — Aug. Filon. Mérimée et ses amis — G. Monod. Jules Michelet.

325. **Fabre** (F.). Un Illuminé—Le Chevrier (*pap. de Hollande*) — Toussaint Galabru — Julien Savignac (*pap. de Hollande*) Mlle de Malavieille — Madame Fuster. *Paris,* 1865-1890, 6 vol. in-12, cart. et demi-rel. non rog., couv.

326. **Fabre** (Gabriel). Sonatines sentimentales, poèmes de Maeterlinck et Camille Mauclair. *Paris, Mercure de France,* 1896, in-4, musique, demi-rel. dos et coins de mar. rouge, tête dor., non rog., couv. *(Loisellier).*

327. **Farine** (Ch.). Deux Pirates au XVIe Siècle. Histoire des Barberousse. Compositions par Léopold Flameng. *Paris, P. Ducrocq,* 1869, gr. in-8, cart. mar. La Vall., tête dor., non rog., couv. illust.

> Exemplaire provenant de la bibliothèque de M. A. Piat.

328. **Favre** (de). Les Quatre heures de la Toilette des Dames poème érotique par de Favre. Réimpression sur l'édition de : Paris Bastien, 1779. *Paris, Rouveyre,* 1880, in-8, fig. cart.

dos et coins de mar. orange foncé, têtes dor., non rog. (*Dur-vand*).

L'un des **20** exemplaires sur **papier de Chine** (n° 30), avec les figures **en 3 états**.

329. **Febvre** (F.) et J. **Johnson**. Album de la Comédie Française par F. Febvre et J. Johnson, dédié à son Altesse Royale le Prince de Galles. *Londres Viard,* 1879, in-fol. fig. et portr. demi-rel. dos et coins de mar. grenat., tête dor., non rog.

Exemplaire sur **papier vélin** avec une lettre autographe d'Alexandre Dumas fils, en fac-simile.

330. **Feuillet** (Octave). Les Amours de Phillipe — Honneur d'Artiste. *Paris, Calmann-Lévy,* 1877-1890, 2 vol. in-12, br., couv.

Editions originales avec les couvertures.

331. **Feuillet** (Octave). Théâtre complet. *Paris, Calmann Lévy,* 1892-1895, 5 vol. in-12, demi-rel. mar. bleu, dos ornés, têtes dor., non rog., couv.

332. **Feuillets Glanés**. Poésies inédites, par MM. Jean Aicard, Th. de Banville, Paul Bourget, François Coppée, Pierre Gauthiez, Emile Goudeau, André Lemoyne, Catulle Mendès, Jean Rameau, Armand Silvestre, Joséphin Soulary, Sully-Prudhomme, etc., etc. *Paris, Librairie de l'Art, s. d.,* in-4, fig., cart. toile, fers spéciaux, tr. dor. (*Cart. de l'éditeur*).

Ouvrage orné de 20 planches hors texte, gravées à l'eau-forte, par MM. Ch. de Billy, Boilvin, Brunet Debaines, Daumont, Didier, L. Flameng, Léon Gaucherel, Gaujean, de Goncourt, Edm. Hédouin, Jacquemart, A. Lalauze, Alph. Leroy, Martial, Rajon, Ch. Waltner. Encadrements, frises et culs-de-lampe, par J. Habert-Dys.

333. **Fielding**. Tom Jones ou histoire d'un enfant trouvé, traduction nouvelle et complète, ornée de 12 gravures à l'eau-forte. *Paris, Firmin Didot,* 1833, 4 vol. in-8, fig. br., couv.

334. **Flammarion** (Camille). Astronomie populaire. Description générale du Ciel, ouvrage illustré de 360 figures, planches en chromo-lithographie, cartes célestes. *Paris, Flammarion,* 1884, in-4, demi-rel. dos et coins de mar. rouge, tête dor., non rog.

335. **Flammarion** (Camille). L'Atmosphère. Description des grands phénomènes de la nature. Ouvrage contenant 15 planches chromo-lithographiques et 226 gravures sur bois. *Paris, Hachette et Cie*, 1872, in-4, demi-rel. dos et coins de mar. bleu, tête dor., non rog.

336. **Flammarion** (Camille). Les Etoiles et les Curiosités du ciel. Illustré de 400 figures, cartes célestes, planches et chromo-lithographies. *Paris, Flammarion*, 1882, in-4, portr., demi-rel. dos et coins de mar. bleu, dos orné, tête dor., non rog.

337. **Flammarion** (Camille). La Pluralité des Mondes habités — Les Mondes imaginaires et les mondes réels. *Paris, Didier et Cie*, 1864-1865, 2 vol. in-8, br., couv.

338. **FLAUBERT** (Gustave). Œuvres complètes. *Paris, A. Quantin*, 1885, 8 vol. in-8, portrait, demi-rel., dos et coins de mar. rouge, tête dor., non rog.

339. **Flaubert** (Gustave). Ouvrages sur. *Paris, Ferroud*, 1909, *Leipzig J. Zeitler*, 1908, 3 vol. in-8 et in-12 br., couv.

> R. Descharmes, Flaubert sa Vie, son caractère et ses Idées avant 1857 — Un Ami de Flaubert Alfred, le Poittevin. Œuvres inédites — E. W. Fischer. Etudes sur Flaubert inédit.

340. **Fléchier.** Mémoires de Fléchier sur les Grands Jours d'Auvergne en 1665, annotés et augmentés d'un appendice par M. Chéruel et précédés d'une notice par M. Sainte-Beuve. *Paris, Hachette et Cie*, 1856, gr. in-8, fig., demi-rel. chag. lilas foncé, tr. jasp.

341. **Fléchier.** Oraisons funèbres de Fléchier suivies des oraisons funèbres de Turenne, par Mascaron, du prince de Condé, par Bourdaloue. *Paris, Lefevre*, 1826, in-8, portr., demi-rel. mar. rouge, non rog. *(Rel. de l'époque).*

342. **Flourens** (A.). Alexandre III, sa vie, son œuvre. *Paris, E. Dentu*, 1894, in-8, port., br., couv.

> L'un des **20** exemplaires sur **papier du Japon** (n° 5).

343. **Foë** (de). Aventures de Robinson Crusoé. Edition revue et corrigée avec soin, 88 gravures sur bois. *Tours, A Mame et Fils*, 1875, in-4, fig., br., couv., imp.

344. Fond du Sac (Le). Recueil de Contes en vers. *Rouen, J. Lemonnyer*, 1879, 2 vol. pet. in-8, vign., demi-rel. dos et coins de mar. rose, dos ornés, tr. dor., couv.

345. Fougeray (M. de). Les Soirées de Neuilly, esquisses dramatiques et historiques, ornées du portrait de l'auteur et d'un fac-similé de son écriture. *Paris, Moutardier*, 1827-1828, 2 vol. in-8, br., couv.

346. Fougères (F.) et G. **Combrousse.** Description complète et raisonnée des Monnaies de la deuxième race Royale de France. *Paris*, 1837, in-4, fig., demi-rel. dos et coins de chag. noir, tr. jasp.

> Tiré à 100 exemplaires.

347. Fouilloux (Jacques du). La Vénerie, précédée de quelques notes biographiques et d'une notice bibliographique. *Angers, Ch. Lebossé*, 1844, in-4, demi-rel. chag. vert, tête dor., non rog.

348. Fournel (V.). Les Rues du Vieux Paris. Galerie populaire et pittoresque. Ouvrage illustré de 165 gravures sur bois. *Paris, Firmin-Didot*, 1879, gr. in-8, demi-rel. mar. bleu, dos orné, tête dor., non rog., couv.

349. Fournel (V.). Le Vieux Paris. Fêtes, Jeux et Spectacles. *Tours, A. Mame et Fils*, 1887, in-4, fig., demi-rel. dos de mar. orange, orné, tête dor., non rog., couv.

350. Fournier (Edouard). L'Esprit dans l'Histoire — Ce qu'on voit dans les rues de Paris — Enigmes sur les rues de Paris — Histoire du Pont-Neuf (2 vol.) — Chroniques et légendes des rues de Paris. *Paris, E. Dentu*, 1857-1864, 6 vol. in-12, cart., dos de mar. tête de nègre, non rog., couv.

351. Fournier (Edouard). L'Esprit dans l'Histoire — L'Esprit des autres — Paris démoli. *Paris, E. Dentu*, 1882-1884, 3 vol. in-16, br., couv.

> Exemplaires sur **papier vergé de Hollande**.

352. Fragerolle (G.). Clairs de lune, en 6 tableaux, dessins de Henri Rivière. — L'Enfant-Dieu. Recueil de Vieux Noëls des

Pays de Champagne et de Lorraine restitués et mis en musique. — L'Enfant prodigue, dessins de Henri Rivière. — Jeanne d'Arc. Epopée en 15 tableaux, dessins de Henri Callot. — Le Juif Errant. Légende en 8 tableaux, dessins de Henri Rivière. — Lourdes. Légende mystique, dessins d'Uzès. — La Marche à l'Etoile, dessins de Henri Rivière. — Le Rêve de Joël. Légende. Compositions en couleurs de Louis Bombled. — Le Sphynx. Epopée lyrique en 16 tableaux. Ombres et décors de André Vignola. *Paris, Enoch, Flammarion, s. d.,* 9 vol. in-4, demi-rel. dos et coins de mar. rouge, têtes dor., non rog., couv. (*Loisellier*).

353. France (Anatole). Poésies. *Paris, A. Lemerre,* 1896, in-16, 1 port., br., couv.

> L'un des **25** exemplaires sur **papier de Hollande** (n° 24).

354. Franklin (Alfred). Les Anciens Plans de Paris. Notices historiques et topographiques, par Alfred Franklin. *Paris, L. Willem,* 1878-1880, 2 vol. gr. in-8, fig., br., couv.

355. Franklin (Alfred). Etude historique et topographique sur le plan de Paris de 1540, dit Plan de Tapisserie. *Paris, Aug. Aubry,* 1869, pet. in-8, br., couv.

> Exemplaire sur **papier vergé de Hollande** avec un fac-simile héliographique d'un fragment du plan dit de tapisserie.

356. Frédol (Alfred). Le Monde de la Mer, illustré de 21 planches sur acier, tirées en couleur et de 200 vignettes sur bois dessinées par P. Lackerbauer. *Paris, Hachette et Cie,* 1865, gr. in-8, demi-rel. chag. grenat, dos orné, plats toile, tr. dor.

357. Froissart (Les Chroniques de J.). Edition abrégée avec texte rapproché du français moderne, par Mme de Witt, née Guizot. *Paris, Hachette et Cie,* 1881, gr. in-8, demi-rel. chag. rouge, tête dor., non rog.

> Ouvrage contenant 11 planches en chromolith., 12 lettres et titres imprimés en couleur, 2 cartes, 33 grandes compositions tirées en noir et 252 gravures d'après les monuments et les manuscrits de l'époque.

358. Froment. La Police dévoilée depuis la Restauration, et notamment sous Messieurs Franchet et Delavau. *Paris, Lemonnier,* 1829, 3 vol. in-8, br., couv.

35g. **FROND** (Victor). **Actes et Histoire du Concile Œcuménique de Rome 1869**, publiés sous la direction de Victor Frond. *Paris, A. Pilon, s. d.*, 8 vol. in-fol., fig. noires et col., demi-rel. chag. rouge, plats toile, armoiries, tr. dor.

36o. **Funck-Brentano** (Fr.). Mandrin, Capitaine général des Contrebandiers de France, d'après des documents nouveaux avec gravures hors texte. *Paris, Hachette et Cie,* 1908, in-8, br., couv.

36ı. **Gaboriau** (Emile). Œuvres. *Paris, E. Dentu,* 186ı *et années suivantes,* 26 vol. in-12, demi-rel. dos et coins de mar. bleu, dos ornés, tête dor., non rog.

> La Dégringolade (2 vol.). — La Vie Infernale (2 vol.). — L'Affaire Lerouge. — Le Dossier N° 113. — Le Crime d'Orcival. — Les Esclaves de Paris (2 vol.). — Le 13° Hussards. — Monsieur Lecoq (2 vol.). — Les Cotillons célèbres. Edition ornée de portraits (2 vol.). — Les Comédiennes adorées. Edition ornée de portraits. — Les Gens de Bureau. — La Clique dorée. — Mariages d'Aventures. — L'argent des autres (2 vol.). — Le Petit Vieux des Batignolles. — L'ancien Figaro. — Ruses d'Amour. — Les Petites Ouvrières par A. William Duckett. — Le Capitaine Coutanceau. — Les Amours d'une empoisonneuse.
> Cinq envois autographes de l'auteur.

362. **Gaffarel** (P.). L'Algérie. Histoire, Conquête et Colonisation, ouvrage illustré de 4 chromolithographies, de 3 belles cartes en couleur et de plus de 200 gravures sur bois (dont 22 hors texte). *Paris, Firmin-Didot et Cie,* 1883, in-4, demi-rel. dos et coins de chag. rouge, dos orné, tête dor., non rog.

363. **Garnier-Pagès**. Histoire de la Révolution de 1848. *Paris, Pagnerre,* 1866, 11 vol. in-8, portr., demi-rel. veau rouge, tr. jasp.

36ı4. **Gassies des Brulies**. La Farce du Cuvier. — La Farce du Pâté de la Tarte. — La Farce du Maître Pathelin. Comédies arrangées en vers modernes avec compositions en taille-douce hors texte par Jeoffroy et Boutet de Monvel. *Paris, Ch. Delagrave, s. d.*, 3 plaq. gr. in-8, br., couv.

365. **Gastine** (L.-J.). Lys Amors d'Helain-Pisau et d'Iséult de Savoisy mis en escripts par Loys Julius Gastine et aornés d'Imaiges par Edvard Zier. *Paris, Quantin,* 1900, in-8, fig., br., couv.

> Exemplaire sur **papier vélin**.

366. **Gauthier** (Jules). Histoire de Marie Stuart. *Paris, Librairie Internationale*, 1869, 3 vol. in-8, portr. demi-rel. dos de chag. vert, têtes dor., non rog.

> Envoi autographe de l'auteur.
> Ex-libris du Duc de Montpensier.

367. **Gavarni.** Album grotesque et pittoresque, contenant 194 belles caricatures, par Gavarni. *Paris*, 1848-49, 4 vol. gr. in-8, br., couv.

368. **Géramb** (M.-J. de). Voyage de la Trappe à Rome, par le Révérend Père Marie-Joseph de Géramb. *Paris, Ad. Le Clerc et Cie*, 1838, in-8, portr. veau fauve, dos orné, fil. dor. et ornem. formant encad. sur les plats, dent. int., tr. dor. (*Ottmann*).

369. **Gide** (André) Maurice **Denis.** Le Voyage d'Urien. *Paris, L'Art Indépendant*, 1893, in-8, obl., fig., br.

> Edition originale, avec la couverture.
> L'un des **300** exemplaires sur **papier vergé** (nᵒ 101).

370. **Gifflard** (P.). La Fin du Cheval. Illustrations par A. Robida. *Paris, A. Colin*, 1899, in-4, br., couv.

371. **Gill** (André). La Parodie du Nᵒ 1, 4 juin 1869 au 9 janvier 1870, in-4, fig., cartonn. demi-toile, tr. jasp.

372. **Gill** (André). La Petite Lune. Dessins de André Gill. 52 Livraisons en 1 vol. gr. in-8, cartonn. demi-percal. La Vall., non rog.

373. **Girardin** (E. de). Œuvres complètes de Madame Emile de Girardin. Portrait par Chasseriau, gravé sur acier par Flameng. *Paris, H. Plon*, 1860-1861, 6 vol. in-8, demi-rel. veau fauve, ornés, têtes dor., non rog.

374. **Glinel** (Charles). Le Théâtre Inconnu d'Alexandre Dumas père. *Paris, Revue Biblio-Iconographique*, 1899, gr. in-8, br., couv.

> L'un des **5** exemplaires sur **papier de Hollande**.

375. **Gœthe.** Faust, tragédie de Gœthe, nouvelle traduction complète en prose et en vers, par Gérard de Nerval. *Paris,*

Dondey-Dupré père et fils, 1828, in-16, fig., cart. dos de percal., tête rouge, non rog., couv.

On y joint : le même ouvrage, deuxième édition. *Paris, chez Mme Vve Dondey Dupré,* 1835, in-12, port., demi-rel. dos et coins mar. rouge, tête dor., non rog.

376. **Gœthe.** Œuvres. Poésies diverses — Pensées — Divan Oriental-Occidental -- Théâtre (3 vol.). Poèmes et Romans — Les années d'apprentissage de Wilhelm Meister — Les Années de Voyage de Wilhelm Meister — Mémoires — Voyages en Suisse et en Italie — Mélanges. Traduction nouvelle par Jacques Porchat. *Paris, Hachette et Cie,* 1871-1881, ens. 10 vol. in-8, portr., demi-rel. mar. rouge, têtes dor., non rog.

377. **Gœthe.** Les Souffrances du jeune Werther, traduction nouvelle par Madame Bachellery, avec une préface par Paul Stapfer. Eaux-fortes de Lalauze. *Paris, Librairie des Bibliophiles,* 1886, in-8, cart. dos et coins de mar. rouge, tête dor., non rog., couv. *(Bretault).*

L'un des **20** exemplaires tirés sur **papier de Chine** (nº 24), avec **2 états** des eaux-fortes, *avec* la lettre et *avant* la lettre.

378. **Goldsmith** (Olivier). Le Vicaire de Wakefield. Illustrations à l'aquarelle de Poirson. Traduction nouvelle et complète par B.-H. Gausseron. *Paris, A. Quantin, s. d.,* gr. in-8, cart. toile., fers spéciaux, tête dor., non rog. *(Cart. de l'éditeur).*

379. **Goncourt** (Ed. et J. de). Histoire de la Société Française pendant la Révolution et le Directoire. *Paris, E. Dentu,* 1854, 2 vol. in-8, demi-rel. veau fauve, tr. jasp.

380. **Goncourt** (Ed. et J. de). La du Barry — En 18... — Les Frères Zemganno. Histoire de la Société Française pendant le Directoire — Histoire de Marie-Antoinette — Manette Salomon — Outamaro — Renée Mauperin — Sœur Philomène. *Paris,* 1882-1891, 9 vol. in-12, fig., br., couv.

381. **Goncourt** (Ed. et J. de). Sophie Arnould d'après sa correspondance et ses mémoires inédits. *Paris, E. Dentu,* 1877, in-8, portr., texte encadré, br., couv.

L'un des exemplaires sur **papier de Chine**.

382. **Gonet** (Gabriel de). Tableau de la Littérature frivole en France depuis le XIe Siècle jusqu'à nos jours, illustré de quarante-cinq compositions originales, gravées à l'eau-forte spécialement pour cette édition. *Paris, Marpon et Flammarion, s. d.*, in-fol., br., couv. illust.

383. **Gonzalès** (Emm.). Les Caravanes de Scaramouche avec une notice historique par Paul Lacroix. Eaux-fortes et Vignettes par Henry Guérard. *Paris, E. Dentu*, 1881, in-12, cart., dos et coins de mar. vert., tête dor., non rog. couv.

384. **Gourment** (Rémy de). Le IIme Livre des Masques XXIII, portraits dessinés par F. Vallotton — Théodat. *Paris, Mercure de France*, 1893-1898, 2 vol. in-12, br.

> Editions originales, avec les couvertures.

385. **Gozlan** (Léon). Balzac chez lui. Souvenirs des Jardies. *Paris, Michel Lévy Frères*, 1862, in-12, demi-rel. chag. grenat, non rog., couv.

386. **Gozlan** (Léon). Les émotions de Polydore Marasquin. *Paris, Michel Lévy*, 1857, in-12, cart. dos de mar. grenat, non rog., couv.

> Edition originale, avec la couverture.

387. **Grands Ecrivains Français** (Les). *Paris, Hachette et Cie*, 19 vol. in-12, br., couv.

> *Beaumarchais*, par André Hallays — *Victor Cousin*, par Jules Simon — *Descartes*, par Alfred Fouillée — *Flaubert*, par Emile Faguet — *Th. Gautier*, par Maxime du Camp — *V. Hugo*, par L. Mabilleau — *M. de La Fayette*, par le Comte d'Haussonville — *Le Sage*, par Eug. Lintilhac — *J. de Maistre*, par G. Cogordan — *A. de Musset*, par Arvède Barine — *Rabelais*, par René Millet — *J.-J. Rousseau*, par Arthur Chuquet — *B. de Saint-Pierre*, par Arvède Barine — *Saint-Simon*, par Gaston Boissier — *George Sand*, par E. Caro — *Madame de Sévigné*, par Gaston Boissier — *Madame de Staël*, par Albert Sorel — *Stendhal*, par Edouard Rod — *A. Vigny*, par Maurice Paléologue.

388. **Gravier** (G.). Découverte de l'Amérique par les Normands au XIe Siècle. *Rouen, E. Cagniard*, 1874, in-8, br., couv.

> L'un des **100** exemplaires sur **papier de Hollande** (n° 49).

389. **Gueuletté**. Acteurs et actrices du temps passé. La Comédie française. Portraits d'artistes gravés à l'eau-forte, par Lalauze. *Paris, Librairie des Bibliophiles*, 1881, gr. in-8, br., couv.

390. **Guillemin** (A.). Le Ciel, notions élémentaires d'astronomie physique, cinquième édition, contenant 62 grandes
planches dont 22 tirées en couleur et 361 vignettes insérées
dans le texte. *Paris, Hachette et Cie,* 1877, gr. in-8, demi-rel.
dos et coins de mar. bleu, dos orné, tête dor. non rog.

391. **Guinot** (Eugène). L'Eté à Bade, illustré par MM. Tony
Johannot, Eug. Lami, Français et Daubigny. Quatrième
édition, précédée d'une notice sur l'auteur, par M. Jules
Janin. *Paris, E. Bourdin, Hachette et Cie, s. d.,* in-8, cartonn.
de l'éditeur, non rog.

392. **Guizot.** L'Histoire d'Angleterre depuis les temps les plus
reculés jusqu'à l'avènement de la reine Victoria, racontée à
mes petits enfants. *Paris, Hachette et Cie,* 1877, 2 vol. gr.
in-8, fig., demi-rel. dos et coins de chag. vert., têtes dor.,
non rog.

393. **GUIZOT.** Histoire de France depuis les temps les plus
reculés jusqu'au 1789, racontée à mes petits enfants, 5 vol.
— L'Histoire de France depuis 1789 jusqu'en 1848, racontée
à mes petits enfants, par M. Guizot, leçons recueillies, par
Mme de Witt, née Guizot, 2 vol. *Paris, Hachette et Cie,* 1882-
89. — Ensemble 7 vol. gr. in-8, nombr. grav., dess. sur bois,
par A. de Neuville, P. Philippoteaux, E. Ronjat, E. Bayard,
Sahib, Taylier, Th. Weber, etc., demi-rel. dos et coins de
chag. bleu, dos ornés, fil., tête dor. non rog.

394. **Hamel** (E.). Marie la Sanglante. Histoire de la grande
réaction catholique, sous Marie Tudor. *Paris, Poulet Malassis,* 1862, 2 vol. in-8, portr., cart. dos de percal. rouge,
non rog.

395. **Hamilton.** Contes d'Hamilton (3 vol.) — Mémoires du
Comte de Grammont (3 vol.). *Paris, Didot l'aîné,* 1815,
ens. 6 vol. pet. in-12, demi-rel. chag. rouge, têtes dor., non
rog.

396. **Hamilton.** Œuvres du Comte Hamilton, précédées d'une
notice historique sur la vie et ses ouvrages, par J.-B.-J.
Champagnac et augmentées d'une suite des quatre Facardins
et de Zeneyde. *Paris, chez Salmon,* 1825, 2 vol. in-8, portr.,
cart. dos et coins bas. rouge, dos ornés, non rog.

397. **Hamilton**. Mémoires du Comte de Grammont, histoire amoureuse de la Cour d'Angleterre sous Charles II. Réimpression conforme à l'édition princeps (1713). Préface et Notes par Benjamin Pifteau. Frontispice, six eaux-fortes, par J. Chauvet. Lettres, fleurons et culs-de-lampe, par A. Lemaire. *Paris, J. Bonnassies*, 1876, gr. in-12, demi-rel. dos et coins de chag. bleu, tête dor., non rog., couv.

398. **Hamilton**. Mémoires du Comte de Grammont, avec Notice. Variantes et Index, par Henri Motheau. *Paris, A. Lemerre*, 1876, in-16, portr. et fig., demi-rel. dos et coins de mar. bleu, tête dor., non rog.

399. **Hanotaux** (G.). Histoire du Cardinal de Richelieu. *Paris, Firmin-Didot et Cie*, 1893-1896, 3 vol. gr. in-8, fig. et portr., br. couv.

400. **Hanotaux** (G.). Histoire de la France Contemporaine. *Paris, Société d'Edition Contemporaine*, 1903-1908, 4 vol. gr. in-8, portr., br., couv.

401. **HANOTAUX** (G.) et Georges **VICAIRE**. La Jeunesse de Balzac. Balzac Imprimeur, avec trois estampes et deux Portraits gravés sur bois par A. Lepère. *Paris, Ferroud*, 1903, gr. in-8, demi-rel. dos et coins de mar. bleu, dos orné, tête dor., non rog., couv. *(Loisellier)*.

L'un des **60** exemplaires tirés sur **papier du Japon**, avec les portraits en **2 états**.

402. **Hedelin** (François). Des Satyres brutes, monstres et démons, de leur nature et adoration. *Paris, I. Liseux*, 1888, in-12, br., couv.

L'un des **500** exemplaires sur **papier de Hollande**.

403. **Henry** (Fernand). Les Sonnets de Shakspeare traduits en sonnets français avec introduction, notes et bibliographie. *Paris, P. Ollendorff*, 1900, gr. in-8, cart. demi-percal. rouge, tête dor., non rog., couv.

404. **Hérold** (A.-Ferdinand). Le Victorieux, Drame. *Paris, Librairie de l'Art Indépendant*, 1895, gr. in-8, br., couv.

Edition originale.
Envoi autographe de l'auteur.

405. **Hervez** (J.). Les Sociétés d'Amour au XVIIIe Siècle, ouvrage orné de huit planches hors texte. *Paris, Daragon,* 1906, in-8, br., couv.

Exemplaire sur **papier de Hollande**.

406. **Heylli** (G. d'). Rachel d'après sa Correspondance, par D'Heylli. *Paris,* 1882, in-8, portraits, br., couv.

L'un des **75** exemplaires sur **papier de Hollande** (nº 74).

407. **Histoire contemporaine.** Collection Picard. *Paris,. A. Picard et fils,* 1898 *et années suivantes,* 19 vol. in-8, br., couv.

L. P. Roussel. Correspondance de Le Coz, portr., (2 vol.). — Mémoires de Langeron. — P. Fr. de Rémusat. Mémoires sur ma Détention au Temple. — Journal de Mᵐᵉ de Cazenove d'Arlens. — Correspondance du Duc d'Enghien (2 vol.). — Correspondance du Comte de La Forest (3 vol.). — Lettres d'Alphonse d'Herbelot. — Adolphe de Gircourt. Souvenirs d'une Missions à Berlin en 1848. — Anecdotes historiques pour le Baron Honoré Duveyrier. — Journal politique de Charles de Lacombe, (2 vol.). — Marquis de Bouillé. Souvenirs et fragments pour servir aux Mémoires de ma vie et de mon temps (2 vol.). — Louis XVIII et les Cent-Jours à Gand (2 vol.).

408. **Histoire** de l'Invention de l'Imprimerie par les Monuments. *Paris,* 1840, in-fol. fig., et fac-simile, cart. dos de percal. non rog.

409. **Histoire** du Père La Chaize jésuite et confesseur du Roi Louis XIV. *A Bruxelles, chez H. Kistemœckers,* 1719-1884, 2 vol. in-8, portr. br., couv.

410. **Histoire des Papes,** Crimes, Meurtres, Empoisonnements, Parricides, Adultères. Incestes depuis Saint-Pierre jusqu'à Grégoire XVI. Magnifique édition, splendidement illustrée de gravures sur acier exécutées par nos premiers artistes. *Paris, Administration de Librairie,* 1843-1844, 10 vol. gr. in-8, cart. demi-chag. bleu foncé, non rog., couv.

Figures coloriées.

411. **Hoffmann.** Contes fantastiques de E.-T.-A. Hoffmann. Traduction nouvelle précédée d'une notice sur la vie et les ouvrages de l'auteur, par Henry Egmont, ornée de vignettes d'après les dessins de Camille Rogier. *Paris, Camuzeaux,* 1836, 4 vol. in-8, demi-rel. veau rouge, dos ornés, tr. marbr.

4l2. **Homère.** Iliade. Vingt-quatre grandes compositions par M. Henri Motte, traduction par Émile Pessonneaux. *Paris, Quantin, s. d.*, in-4, demi-rel. dos et coins de mar. grenat, tête dor., non rog.

4l3. **Horace.** Les Œuvres d'Horace, traduction nouvelle de Jules Janin. *Paris, Hachette et Cie*, 1865, in-8, br., couv.

Exemplaire sur **papier vélin**.

4l4. **Horace.** Œuvres, traduction nouvelle par Leconte de Lisle avec le texte en Latin. *Paris, Al. Lemerre*, 1873, 2 vol. in-12, front. demi-rel. dos et coins de mar. vert, tête dor., non rog., couv. *(Loisellier)*.

Exemplaire sur **papier vergé**.

4l5. **Horace.** Œuvres d'Horace, traduction nouvelle par Leconte de Lisle avec le texte latin. *Paris, A. Lemerre*, 1873, 2 vol. in-16, fig., cuir de Russie, fil. int., tr. dor.

4l6. **Houssaye** (Arsène). La Comédie Française, 1680-1880. *Paris, L. Baschet*, 1880, in-fol., portraits, demi-rel. dos et coins de mar. La Vall., tête dor., non rog.

4l7. **Houssaye** (Arsène). Molière, sa femme et sa fille. Ouvrage illustré d'un grand nombre de gravures et eaux-fortes, scènes et portraits, dans le texte et hors texte. *Paris, Dentu*, 1880, in-fol., br., couv. parch. illust.

4l8. **Hugo** (Victor). L'année terrible, Illustrations de MM. J.-P. Laurens, L. Flameng, Émile Bayard, Vierge, Morin, Lix, V. Hugo. *Paris, Eug. Hugues, s. d.*, gr. in-8, demi-rel. dos et coins de chag. rouge, tête dor., non rog., couv. illust.

4l9. **Hugo** (Victor). Notre-Dame de Paris. *Paris, Eug. Hughes, s. d.*, gr. in-8, front. et fig., demi-rel. dos de mar. grenat, tête dor., tr. jasp.

4l20. **Hugo** (Victor). Quatre-vingt-treize. *Paris, Édition Hugues, Impr. de Quantin, s. d.*, gr. in-8, figures, cart. percal. grenat, non rog.

421. **Hugo** (Victor). Chez Victor Hugo par un passant, avec 12 eaux-fortes par M. M. Lalanne. *Paris, Cadart et Luquet,* 1864, in-8, br., couv.

422. **Hugues** (Clovis). Le Journal, avec une préface de Henri Bouchot. *Paris,* 1890, in-8, fig. cart. dos de percal. verte, non rog., couv.

423. **Hume** (David). Histoire d'Angleterre continuée jusqu'à nos jours par Smolett, Adolphs et Aikin. *Paris, Furne et Cie,* 1830-1840, 12 vol. in-8, portr. et fig., demi-rel. chag. rouge, tr. marb. *(Petit).*

424. **Huysmans** (J.-K). Croquis parisiens. 10 Eaux-fortes de Forain et Raffaelli. *Paris, H. Vaton,* 1880, in-8, cart. dos et coins chag. bleu, dos orné, mosaïq., tête dor., non rog., couv.

> Exemplaire sur **papier de Hollande,** avec les deux figures qui manquent très souvent.

425. **ILLUSTRATION THÉATRALE** (L'). du Nº 1 au Nº 108 inclus. *Paris,* 1904-1909, 107 livraisons, gr. in-4, fig. br., couv.

> L'un des **rares** exemplaires, non rogné. Le Nº 2 manque et le Nº 21 est rogné.

426. **Iung** (Th.). Lucien Bonaparte et ses mémoires, 1775-1840 (3 vol.). — Dubois-Crancé (2 vol.). *Paris, Charpentier et Cie,* 1882-1884. Ens. 5 vol. in-8, fig., demi-rel. chag. vert, tr. jasp.

427. **Janin** (Jules). Béranger et son temps. Frontispice avec portrait à l'eau-forte de Staal. *Paris, chez R. Pincebourde,* 1866, 2 vol. in-12, demi-rel. dos et coins, chag. orange, têtes dor., non rog.

> Exemplaire sur **papier de Hollande.**

428. **Jarry** (Alfred). L'Amour absolu. Roman. *Paris, Mercure de France,* 1899, in-8, texte autographié, br., non rog.

> Edition originale.

429. **Jaurès** (Jean). Histoire socialiste (1889-1900), sous la direction de Jean Jaurès. *Paris, J. Rouff et Cie, s. d.,* 2 vol. gr. in-8, fig., demi-rel. chag. rouge, non rog., couv.

43o. **Jehan de la Cité**. L'Hôtel-de-Ville de Paris et la grève à
travers les âges, d'après Edouard Fournier. *Paris, Firmin-
Didot et Cie, s. d.*, gr. in-8, fig., br., couv.

> On y joint : Le Palais de Justice de Paris. Son Monde et ses Mœurs,
> 150 dessins inédits, préface de M. Alexandre Dumas fils. *Paris, Quantin,*
> 1892, gr. in-8, br., couv.

431. **Joconde, ou les Coureurs d'aventures**. A *Paris, chez Janet, s. d.*, in-32, fig., cartonn. de l'éditeur, tr. dor., emboîtage.

432. **Jollivet-Castelot**. Les Sciences maudites, sous la direction de Jollivet-Castelot, Paul Ferniot et Paul Redonnel. *Paris, Maison d'Art*, 1900, in-4, fig., br., couv.

> Exemplaire avec les figures sur différents papiers de couleurs.

433. **Journal pour tous**. Supplément illustré. Première année
illustrée par Forain, en livraisons. *Paris*, in-4, br.

434. **Jouy** (E. de). Mœurs Françaises et Anglaises. *Paris, Pil-
let*, 1815 *et années suivantes*, 18 vol. in-12, demi-rel. veau,
tr. marb. (*Rel. de l'époque*).

> L'Hermite de la Chaussée d'Antin, orné de gravures et vignettes (5 vol.).
> — L'Hermite de la Guiane, orné de deux gravures (3 vol.). — Les Her-
> mites en prison, ornés du portrait des auteurs de deux gravures, six vi-
> gnettes (2 vol.). — Les Hermites en liberté, ornés de deux gravures et de
> dix-huit vignettes (3 vol.). — Guillaume le Franc-Parleur, orné de gravures
> (2 vol.). — L'Hermite de Londres, orné de gravures et vignettes (3 vol.).

435. **Jouy** (J.). La Chanson des Joujoux. Poésies de Jules Jouy.
Musique de Cl. Blanc et L. Dauphin. Illustrations d'Adrien
Marie. *Paris, H. Heugel, s. d.*, in-4, demi-rel. dos et coins
de mar. rouge, tête dor., non rog. (*Loisellier*).

436. **Jullien** (A.). La Comédie et la Galanterie au XVIIIe siècle
— Mémoires du Duc de Lauzun. *Paris, Rouveyre*, 1879-1880,
2 vol. in-8, fig., br., couv.

> Exemplaires sur **papier Whatman** avec les gravures hors-texte en
> **4 états** et les vignettes en **3 états**.

437. **Jullien** (A.). L'Opéra secret au XVIIIe siècle. La Ville et la
Cour. *Paris, Rouveyre*, 1880-1881, 2 vol. in-8, fig., br., couv.

> Exemplaire sur **papier Whatman** avec les figures en **2 et 3 états**.

438. **Kluyskens** (Hippolyte). Des Hommes Célèbres dans les sciences et les arts et des médailles qui consacrent leur souvenir. *Gand, Imprimerie et Lithographie de L. Hebbelynck*, 1859, 2 vol. in-8, cart. demi-bas. verte., tr. jasp.

439. **Kurth** (G.). Clovis par Godefroy Kurth. *Tours, A. Mame et Fils*, 1896, in-4, fig., br., couv.

> Exemplaire orné de 8 héliogravures de Cormon, Flameng, Guillonnet, Luminais, A. Maignan et Rochegrosse.

440. **Labé** (L.). Œuvres de Loviz Labé. Nouvelle édition, publiée par M. Edwin Tross et imprimée en caractères dits de civilité. *Paris, Librairie Tross*, 1871, in-8, br., couv.

441. **Labessade** (L. de). Les Ruelles du XVIIIe siècle, préface par Alexandre Dumas fils. *Paris, Ed. Rouveyre*, 1879, 2 vol. in-8, fig., demi-rel. dos et coins mar. bleu, dos ornés, têtes dor., non rog., couv.

> L'un des **500** exemplaires sur **papier vergé** de Hollande (n° 368) avec les eaux-fortes par Mongin.

442. **Labiche.** Théâtre complet, avec une préface par Émile Augier. *Paris, Calmann-Lévy*, 1897-98, 10 vol. in-12, demi-rel. veau fauve, têtes dor., ébarb.

443. **Laborde** (le Mis L. de). Glossaire Français du Moyen-âge. *Paris. A. Labitte*, 1872, in-8, cartonn. dos de mar. vert, non rog., couv.

444. **La Chanson** de Montmartre par Blés, Bonnaud, Botrel, Fursy, etc. Illustrations de Ed. Gros, Matet et B. Numa. *Paris, Librairie Internationale*, 1900, in-4, fig. noires et color., demi-rel. dos et coins mar. rouge, tête dor., non rog., couv. (*Loisellier*).

445. **Lacroix** (Jules). Œdipe Roi, tragédie de Sophocle, traduite littéralement en vers français par J. Lacroix, avec une suite de compositions dessinées par J. Mazerolle, etc., etc. *Paris, Propagation des Livres d'Art*, 1890, in-4, br., couv.

446. **Laffilé** (Ch.). Le Souvenir des Ménestrels, contenant une Collection de Romances inédites, le tout recueilli par un amateur, dédié à M. Le Chevalier Gossec. Ce recueil est orné

des œuvres des plus grands Maîtres et de onze gravures en
taille douce. *Paris, chez l'Editeur, Dentu et Delaunay, s. d.*
(1816), pet. in-12, mar. rouge, dos orné, ornem. sur les plats,
dent. int., tr. dor. (*Rel. de l'époque*).

Exemplaire avec les initiales entrelacées A. D. dorées sur le plat recto.

447. **LA FONTAINE.** Les Amours de Psyché et de Cupidon
lithographiées, d'après les dessins de Raphael, par MM. Bouillon, Beaugard-Thil, Chatillon, Dejuine, Fragonard, Maurin,
Zwinger, etc., sous la direction de M. Hip. Castel de Cour-
val. Edition ornée du Poëme de La Fontaine. *Paris, Firmin
Didot,* 1825, in-fol. demi-mar. rouge, non rog.

448. **La Fontaine.** Fables. Illustrations par Grandville. *Paris,
Garnier Frères,* 1868, gr. in-8, demi-rel. chag. La Vall.,
plats toile, tr. dor.

449. **Lalaing** (Ctesse de). Vie du Dante par M. le Comte César
Balbo, traduite de l'Italien par Mme la Comtesse de Lallaing.
Bruxelles, Hayez, 1844, 2 vol. in-8, br., couv.

450. **Lallemand** (Ch.). Tunis et ses environs — La Tunisie.
Paris, Quantin, 1890-1892, 2 vol. in-4, fig., br., couv. illust.

451. **Lallier** (J.). Album contemporain contenant les Biographies sommaires de trois cents des principaux personnages
de notre époque. *Paris,* 1866, demi-rel. mar. rouge, plats,
toile, tr. jasp.

452. **La Marche** (O. de). Traicté de la forme et devis comme on
faict les tournois, par Olivier de La Marche, Hardouin de la
Jaille, Anthoine de la Sale, etc., mis en ordre par Bernard
Prost, enrichi de 16 planches, dont 9 doubles, coloriées au
pinceau avec le plus grand soin et rehaussées d'or. *Paris, A.
Barraud,* 1878, gr. in-8, toile blanche, tête rouge, non rog.,
couv.

453. **Lamartine.** Les Confidences — Raphael, page de la ving-
tième année. *Paris, Perrotin,* 1849, 2 vol. in-8, portr. et fig.,
demi-rel. mar. La Vall., tête dor., non rog.

454. **Lamartine.** Histoire des Constituants. *Paris, Pagnerre,
Victor Lecou,* 1855, 4 vol. in-8, demi-rel. chag. rouge, tr.
jasp.

455. **Lamartine**. Histoire des Girondins. *Paris, Furne et Cie,* 1847, 8 vol. portr., demi-rel. chag. rouge, tr. jasp.

456. **Lamartine**. Histoire de la Restauration. *Paris, Furne et Cie, Pagnerre, Lecou,* 1851, 1 vol. in-8, demi-rel. chag. bleu, tr. marb. (*Petit*).

457. **Lamartine**. Méditations poétiques. — Nouvelles Méditations poétiques. *Paris, Charles Gosselin et Cie, Furne et Cie,* 1838, 2 vol. in-32, veau bleu, dos ornés, ornem. à froid sur les plats, tr. dor. *(Rel. de l'époque)*.

458. **Lamartine**. Œuvres — Œuvres poétiques. *Paris, Furne Jouvet et Cie,* 1875-1882, 9 vol. in-12, br., couv.

    Exemplaire sur **papier vélin**, texte encadré.

459. **LAMARTINE**. Œuvres de M. A. de Lamartine. *Paris, Firmin-Didot,* 1849-1851, 16 vol. in-8, portr. et fig., demi-rel. veau fauve, dos ornés, tr. marb.

460. **Lamothe-Langon** (E.-L. de). Napoléon, sa famille, ses amis, ses généraux, ses ministres et ses contemporains ou soirées secrètes du Luxembourg, des Tuileries, de Saint-Cloud, etc. Par M. le... *Paris, P.-H. Krabbe,* 1840, 5 vol. in-8, portr., demi-rel. dos et coins de veau, tr. jasp.

461. **Lançon** (A.). Les Trappistes, 10 dessins gravés à l'eau-forte, par A. Lançon. *Paris, Quantin,* 1883, 10 grandes compositions in-fol., papier de Hollande, en feuilles, dans un carton.

462. **Langlois** (E.-H.). Stalles de la Cathédrale de Rouen, ornées de treize planches gravées avec une notice sur la Vie et les Travaux de E.-H. Langlois par Ch. Richard et un portrait gravé par Brevière. *Rouen Nicétas Periaux,* 1838, in-8, demi-rel. mar. bleu, tête dor., non rog.

463. **Lanzac de Laborie** (L. de). Paris sous Napoléon. *Paris, Plon-Nourrit et Cie,* 1905-1908, 5 vol. pet. in-8, br., couv.

464. **Laporte** (Ant.). Zola contre Zola. Erotika naturalistes des Rougons-Macquart. *Paris, Laurent Laporte,* 1896, in-12, br., couv.

465. **Larchey** (Lorédan). Les Cahiers du Capitaine Coignet (1776-1850), publiés d'après le manuscrit original. Illustrés par J. Le Blant. *Paris, Hachette et Cie*, 1888, in-4, avec 18 grands dessins reproduits en héliogravure par Dujardin et 66 dessins intercalés dans le texte, reproduits par les procédés de Guillaume frères, in-4, demi-rel. dos et coins de mar. rouge, tête dor., non rog.

466. **Larchey** (Lorédan). Dictionnaire historique et anecdotique de l'Argot Parisien. Illustrations de J. Férat et Ryckebusch. *Paris, Polo*, 1872, gr. in-8, cart. dos de perc. La Vall.

467. **La Rochefoucauld.** Maximes. Premier texte imprimé à La Haye en 1664, précédé d'une préface par Alphonse Pauly. *Paris, D. Morgand*, 1883, pet. in-8, demi-rel. dos et coins de mar. rouge, tête dor., non rog., couv. (*Pagnant*).

Exemplaire sur papier vélin anglais.
Envoi autographe de M. Alph. Pauly.

468. **Larousse** (Pierre). Fleurs Historiques. Fleurs Latines. *Paris, Larousse, s. d.*, 2 vol. in-8, demi-rel. chag. plats toile, tr. jasp.

469. **Le Brun** (Pierre). Marie Stuart, tragédie en cinq actes, représentée, pour la première fois, par les comédiens ordinaires du roi sur le théâtre français, le lundi 6 mars 1820. *A Paris, Ladvocat et Barba*, 1820, in-8, cart. dos de mar. rouge, non rog.

Exemplaire aux armes de **Louis XVIII**.

470. **Leclercq** (Th.). Proverbes dramatiques par Théodore Leclercq. Nouvelle Edition ornée de gravures en taille douce d'après les dessins de MM. Johannot et autres artistes distingués. *Paris, Aimé-André Ladrange*, 1835-1836, 8 vol. in-8, demi-rel. veau, têtes jasp., non rog.

Lettre autographe de l'auteur, ajoutée.

471. **Lecoq** (Georges). La Prise de la Bastille et ses anniversaires d'après des documents inédits. *Paris, Charavay Fréres, s. d.*, pet. in-8, fig., cart. percal. blanche, tête rouge, non rog., couv.

On a relié dans le même volume : Relation inédite de la Bastille par l'Invalide Guiot de Fleville. *Paris, Lepin, s. d.*, couv.

472. **Leconte** (S. Charles). L'Esprit qui passe. *Paris, Mercure de France*, 1897, gr. in-8, cart. dos de percal. rouge, tête dor., non rog., couv.

473. **Leconte de Lisle** (Traduction de). Eschyle — Homère Odyssée — Sophocle. Traductions nouvelles. *Paris, Lemerre*, 1868-1872, 3 vol. in-8, fig., demi-rel. chag. brun, tête dor., non rog., couv.

474. **Leconte de Lisle** (Traduction de). Hesiode, hymnes orphiques — Théocrite — Biou — Moskhos — Tyrtée, odes anacréontiques, Traduction nouvelle par Leconte de Lisle. *Paris, Al. Lemerre*, 1869, in-8, demi-rel. dos et coins mar. vert olive, tête dor., non rog.

> Envoi autographe : *A. Théophile Gautier son admirateur sincère.* LECONTE ᴅᴇ LISLE.

475. **Leconte de Lisle.** Poëmes antiques — Poëmes Barbares — Derniers poëmes. *Paris, A. Lemerre*, 1874-1895, 3 vol. in-8, portr., br., couv.

476. **Legouvé** (Ernest). Soixante ans de souvenirs. *Paris, Hetzel et Cie*, 1886-87, 2 vol. in-8, br., couv.

477. **Legué** (Gabriel). Urbain Grandier et les possédées de Loudun, documents inédits de M. Charles Barbier. *Paris, L. Baschet*, 1880, gr. in-8, portr., br., couv.

> Exemplaire sur **papier de Hollande.**

478. **Leloir** (L.). Dessins pour le **Théâtre de Molière**. Facsimilés des originaux publiés avec une notice et un texte explicatif. *Paris, L. Digues*, 1902, in-fol., br., couv. dans un carton.

479. **Lemercier de Neuville** (L.). Théâtre des Pupazzi. *Lyon, Scheuring*, 1876, in-8, portr. et fig., br., couv. illust.

480. **Lemonnier** (Camille). Nos Flamands. *Bruxelles*, 1869, in-8, cart. dos de percal. bleue, non rog.

481. **Lenthéric** (Charles). L'Homme devant les Alpes. Ouvrage renfermant six cartes et plans — La Grèce et l'Orient en Provence. Ouvrage renfermant sept cartes et plans — Les

Villes mortes du Golfe de Lyon. Ouvrage renfermant quinze cartes et plans. *Paris, Plon et Cie*, 1876-1896, ens. 3 vol. in-8 et in-12, br., couv.

482. **Lenthéric** (Charles). Le Rhône histoire d'un fleuve. Ouvrage renfermant dix-sept cartes et plans. *Paris, Plon-Nourrit*, 1892, 2 vol. in-8, br., couv.

483. **Lepage** (Auguste). Les Diners artistiques et littéraires de Paris. *Paris, Frinzine Klein et Cie*, 1884, in-12, demi-rel. chag. vert, orné, non rog., couv.

L'un des **20** exemplaires sur **papier de Hollande** (n° 7).

484. **Le Roux** (Hugues). Calendrier parisien (1892). Texte par Hugues Leroux. Treize lithographies par Dillon. *Paris, Librairie L. Conquet*, 1892, in-16, papier vélin, cart., dos et coins de mar. bleu, non rog., couv. *(Carayon)*.

Envoi autographe de l'Éditeur.
Lithographies en **2 états**.

485. **Lesage**. Le Diable boiteux, avec un essai littéraire, par M. A. Le Sourd. *Paris, Verdet*, 1826, 2 vol. in-32, veau bleu, dos orné, fil. et ornem. dor. sur les plats, tr. dor. *(Rel. de l'époque)*.

486. **Le Sage**. Le Diable Boiteux. A. *Paris, chez D. Jouaust*, 1868, in-8, demi-rel. dos et coins de mar. rouge, tr. dor., non rog. *(David)*.

L'un des **300** exemplaires sur **papier vergé** (n° 68).

487. **Lescure** (M. de). Eux et Elles, histoire d'un scandale. *Paris, Poulet Malassis*, 1860, in-12. demi-rel. dos de mar. vert, tr. jasp.

488. **Lesguillez** (Alexandre). Lettres sur la Ville de Rouen, par Adre L...... de Rouen. *Rouen, Imp. d'Emile Périaux fils aîné*, 1826, in-8, demi-rel. chag. vert., tête dor., non rog.

489. **Lesprès** (Léo) et Ch. **Bertrand**. Paris, Album historique et monumental divisé en vingt arrondissements, illustré de 250 gravures sur bois, par Diolot. *Paris, s. d.*, in-8, demi-rel. chag. bleu, tête dor., non rog.

490. **Le Triumphe** de haulte et puissante Dame Vérolle et le pourpoint fermant à boutons. Nouvelle édition complète avec une Préface et un Glossaire, par M. Anatole de Montaiglon et le Fac-Simile des bois du Triumphe, par M. Adam Pilinski. *Paris, L. Willem,* 1874, in-8, cart. bradel, demichag. La Vall., tête dor., non rog., couv.

> Exemplaire sur **papier de Hollande.**

491. **Liégeard** (Stephen). La Cote d'Azur. *Paris, Maison Quantin, s. d.* (1888), in-4, fig., br., couv.

492. **LIVRE DES MILLE NUITS ET UNE NUIT.** Traduction littérale et complète du texte arabe, par le Dr J. C. Mardrus. *Paris, Revue Blanche, Eug. Charpentier,* 1899-1904, 16 vol. gr. in-8, br., couv.

> L'un des **750** exemplaires sur **papier de Hollande** (n° 50).

493. **Livre des Têtes de bois (Le).** Ouvrage illustré de 13 dessins en fac-simile et de 15 eaux-fortes. *Paris, G. Charpentier,* 1883, in-8, br., couv.

494. **Lœwe** (Jules-Marie). Lettres d'Angleterre. Etudes humoristiques, dessins de Bourgerie. *Paris, G. Kugelmann,* 1851, in-8, cart. demi-bas. verte, tr. dor.

495. **Loiseleur** (Jules). Les Points obscurs de la Vie de Molière. Avec un portrait de Molière gravé à l'eau-forte par Lalauze. *Paris, I. Liseux,* 1877, in-8, br., couv.

> L'un des **1000** exemplaires sur **papier de Hollande.**
> On y joint : La Véritable édition originale des Œuvres de Molière. Etude bibliographique par P. L. Jacob. *Paris, Aug. Fontaine,* 1874, in-12, demirel. dos et coins mar. rouge, tête dor., non rog.
> Exemplaire sur **papier de Hollande.**
> Lettre et envoi autographes de l'auteur.

496. **Lombard** (Jean). L'agonie — Byzance. *Paris, A. Savine,* 1888-1890, 2 vol. in-12, br.

> Editions originales, avec les couvertures.

497. **Longpérier** (Adrien de). Essai sur les médailles des Rois perses de la dynastie Sassanide. *Paris, Firmin-Didot,* 1840, in-4, fig., cart. dos de percal., non rog. couv.

498. **Longus**. Les Amours pastorales de Daphnis et Chloé, traduites par Jacques Amyot, texte de 1559 suivies de la traduction revue par Paul-Louis Courier. Précédées d'une Notice par Etienne Charavay. *Paris, A. Lemerre*, 1872, in-16, portr., br., couv.

499. **Lonlay** (Dick de). Nos Gloires Militaires, texte et dessins par Dick de Lonlay, auteur de Français et Allemands. *Tours, A. Mame et fils*, 1888, gr. in-8, cart. de l'éditeur, tr. dor.

500. **Lorentz**. Polichinelle ex-roi des marionnettes devenu Philosophe. *Paris, Willermy*, 1848, in-8, nombreuses figures, demi-rel. dos et coins de mar. bleu, dos orné, tête dor., non rog.

501. **Loret** (J.). La Muze historique ou recueil des lettres en vers contenant les nouvelles du temps écrites à son Altesse Mademoizelle de Longueville depuis Duchesse de Nemours (1650-1665), par J. Loret. Nouvelle édition. *Paris, Daffis et Janet*, 1877, 5 vol. in-8, br., couv.

502. **Lossow** (H.). Métamorphoses. *Paris, Hinrichsen et Cie*, in-4, 12 dessins en feuilles dans un emboîtage, couv.

503. **Loti** (Pierre). Madame Chrysanthème. Dessins et aquarelles de Rossi et Myrbach, gravure de Guillaume Frères. *Paris, Calmann-Lévy*, 1888, in-8, cartonn. de l'éditeur, tête dor., non rog.

504. **Loubeau** (P. de). La Méditerranée pittoresque. Préface de Gaston Deschamps. *Paris, A. Colin et Cie*, 1894, gr. in-4, fig., demi-rel. mar. La Vall., tête dor., non rog., couv.

505. **Louvet**. Histoire du Chevalier de Faublas, précédée d'une notice historique sur sa vie. *Paris, J. Laisné*, 1834, 2 vol. in-8, fig., demi-rel. veau rouge, tr. marbr. (*Rel. de l'époque*).

506. **Louys** (Pierre). Aphrodite. Mœurs antiques. Illustrations de A. Calbet. *Paris, Borel*, 1896, in-16, br.; couv.

Exemplaire avec **24 fumés** avant la lettre en noir et en sanguine à part sur **papier du Japon**.

507. **Louys** (Pierre). Aphrodite. Mœurs antiques. Illustrations d'Edouard Zier. *Paris, Taillandier*, s. d., in-8, br., couv.

5o8. **LOUYS** (Pierre). **Les Aventures du roi Pausole.** *Paris,
Charpentier*, 1901, in-8, br.

> Edition originale, avec la couverture.
> L'un des **15** exemplaires sur **papier du Japon** (n° 25).

5o9. **Louys** (Pierre). Les Chansons de Bilitis, traduites du grec
pour la première fois par P. L. *Paris, Librairie de l'Art Indépendant*, 1895, in-8, cart. dos et coins de mar. vert, dos orné,
tête dor., non rog. *(Bretault)*.

> Edition originale, avec la couverture.
> L'un des **500** exemplaires sur **papier vélin** (n° 255).

5ıo. **Loyal Serviteur** (Le). Histoire du gentil seigneur de
Bayard. Edition rapprochée du Français moderne avec une
Introduction des notes et des éclaircissements par Lorédan
Larchey, ouvrage contenant 8 planches, 3 titres et une carte
en chromolithographie, un portrait en photogravure, 34 grandes compositions et portraits tirés en noir et 187 gravures
intercalées dans le texte. *Paris, Hachette*, 1882, in-4, demi-
rel. dos et coins de mar. brun, dos orné, non rog., couv.

5ıı. **Mæterlinck**. Douze Chansons. Illustrées par Ch. Doude-
let. *Paris, Stock, s. d.*, in-4, obl., demi-rel. dos et coins de
mar. rouge, tête dor., non rog., couv. *(Loisellier)*.

5ı2. **Magny** (O. de). Les Odes d'Olivier de Magny de Cahors en
Quercy. *Lyon, Scheuring*, 1876, pet. in-8, demi-rel. dos et
coins de mar. grenat, dos orné, tête dor., non rog.

> Exemplaire sur **papier de Hollande.**

5ı3. **MAINDRON** (Ernest). Les **Affiches illustrées.** Ouvrage
orné de 20 chromolithographies par Jules Chéret, et de nombreuses reproductions en noir et en couleurs, d'après les do-
cuments·originaux. *Paris, H. Launette et Cie*, 1886, 1 vol. —
Les **Affiches illustrées** (1886-1895). Ouvrage orné de 64
lithographies en couleurs et de 102 reproductions en noir et
en couleur, d'après les affiches originales des meilleurs artistes. *Paris, G. Boudet*, 1896, 1 vol. — Les **Affiches Étran-
gères**, illustrées par MM. M. Bauwens, T. Hayashi, La
Forgue, Meier-Graefe, J. Pennell. Ouvrage orné de 62 lithographies en couleurs et de 150 reproductions en noir et en
couleurs, d'après les affiches originales des meilleurs artistes. *Paris, G. Boudet*, 1897, 1 vol. — Ensemble 3 vol. in-4,
pap. vél., titre r. et n., br., couv. illust.

514. **Maindron** (Ernest). Marionnettes et Guignols, les poupées agissantes et parlantes à travers les âges. Ouvrage illustré de 8 planches en couleurs et de 148 planches ou figures en noir d'après les documents originaux. *Paris, F. Juven, s. d.*, in-4, demi-rel. mar. bleu, dos orné, non rog., couv.

515. **Malfilatre.** Poésies de Malfilatre, Poëmes, Odes et Traductions avec une Notice bio-bibliographique par L. Derome. *Paris, A. Quantin,* 1884, in-8, portr. fig., demi-rel. dos et coins de mar. rouge, tête dor., non rog.

> L'un des **50** exemplaires sur **papier de Chine** (n° 18), avec le portrait en **2 états.**

516. **Mallarmé** (Stéphane). L'après-midi d'un Faune. Eglogue par Stéphane Mallarmé avec frontispice, fleurons et cul-de-lampe. *Paris, A. Derenne,* 1876, gr. in-8, br., couv.

> Edition originale.
> Exemplaire sur **papier de Hollande** (n° 135).

517. **Manne** (E.-D. de). Galeries historiques des acteurs français, des comédiens français, de la troupe de Voltaire, de la Comédie française. Nouvelle édition corrigée et augmentée, ornée de portraits gravés à l'eau-forte par M. Fugère. *Lyon, N. Scheuring,* 1877, 4 vol. in-8, br., couv.

> Exemplaires sur **papier de Hollande.**

518. **Marchangy** (M. de). La Gaule poétique, 5ᵉ édition publiée sur les notes et les corrections laissés par l'auteur. *Paris, L.-F. Hivert,* 1834-1835, 8 vol. in-8, demi-rel. toile grenat, têtes marb., non rog.

519. **Maréchal** (Sylvain). Dictionnaire des Athées anciens et modernes. Deuxième Edition. *Bruxelles, chez l'éditeur,* 1833, in-8, cart. percal. La Vall., non rog.

520. **Mariage** (Le) d'une Espagnole par Mᵉ U... R... (M. P. Vesinier). *Londres, Truelove,* 1869, in-12, cart. toile orange, non rog., couv.

521. **Mariani.** Album Mariani. Portraits contemporains gravés à l'eau-forte par A. Lalauze. *Paris, G. Richard,* 1891, 2 vol. gr. in-8, cart. percal. verte, têtes dor., non rog., couv.

> Exemplaires sur **papier du Japon.**

522. **Mariani.** Figures contemporaines tirées de l'Album Mariani. Biographies, Notices, Autographes et Portraits gravés sur bois par Quesnel, Brauer, Leyat, etc., etc. *Paris, H. Floury*, 1894-1901, 6 vol. gr. in-8, cart. percal. grenat, têtes dor., rog.

523. **Marius** (P.). Ronces et Gratte-Culs ornés de 25 gravures en taille-douce. Préface par Charles Monselet. *Paris, Lemonnyer*, 1884, in-4, demi-rel. dos et coins de mar. citron clair, dos orné, mosaïq., tête dor., non rog., couv. *(Jennen)*.

524. **Marmier** (Xavier). Contes des Grand'Mères. Illustré par Mucha de quarante-six dessins dans le texte et de dix grandes compositions hors texte tirées en glyptographie. *Paris, Furne, Jouvet et Cie*, 1892, in-4, br., couv.

525. **Martel** (E.-A.). Les Abîmes, les eaux souterraines, les cavernes, les sources, les spelæologie. Explorations souterraines effectuées de 1888 à 1893 en France, Belgique, Autriche et Grèce. 4 phototypies, et 16 plans hors texte, 100 gravures d'après les photographies et les dessins de G. Vuillier, de Lamay et E. Rupin (9 hors texte) et 200 Cartes, Plans et Coupes. *Paris, Delagrave*, 1894, in-4, br., couv.

526. **Martin** (Alexis). Promenades et excursions dans les environs de Paris. Régions du Nord, du Sud, de l'Est et de l'Ouest. *Paris, Hennuyer*, s. d., 12 vol. in-12, fig. et cartes, br., couv.

527. **Martin** (Henri). Histoire de France populaire depuis les temps le plus reculés jusqu'à nos jours. *Paris, Furne Jouvet*, s. d., 7 vol. in-4, fig. et portr., demi-rel. dos de mar. rouge, têtes dor., non rog.

528. **Marmontel.** La Neuvaine de Cythère, avec notice, par M. Charles Monselet, illustrée du portrait de l'auteur et de neuf vignettes dessinées, par Fesquet. *Paris, A. Barraud*, 1879, in-8 cart. dos de mar. rouge, tête dor., non rog., couv. *(Durvand)*.

L'un des **135** exemplaires sur **papier de Chine** (n° 98).

529. **Masoch** (Sacher). Contes Juifs. Récits de Famille. Vingt-huit héliogravures hors texte, cent dessins dans le texte, par

Gérardin, Lévy, Lœvy, Schlesinger, Worms. *Paris, Quantin,*
1888, in-4, demi-rel. dos et coins de mar. rouge, dos orné,
tête dor., non rog., couv. illust.

530. **Masson** (Gustave). La Lyre française, by Gustave Masson.
London, Macmillan and C⁰, 1867, in-12, portr. sur le titre
mar. rouge, dos orné, fil. à froid et ornem. dor. aux angles,
tr. dor.

531. **Masuccio.** Nouvelles choisies de Masuccio de Salerne
(XVe Siècle). Littéralement traduites pour la première fois,
par Alcide Bonneau. *Paris, I. Liseux,* 1890, in-8, br.

> Tirage unique à **250** exemplaires.

532. **Maupassant** (Guy de). Contes choisis illustrés de 118 dessins de G. Jeanniot. *Paris, Librairie illustrée, s. d.,* in-8,
demi-rel. dos et coins de mar. bleu, dos orné, tête dor., non
rog., couv.

533. **Maupassant** (Guy de). Histoire du vieux temps, comédie
en un acte et en vers. *Paris, Ollendorf,* 1899, in-8 de 16 pp.,
br., couv.

> L'un des **10** exemplaires sur **papier de Hollande** (n° 3).

534. **Maupassant** (Guy de). Œuvres complètes. *Paris, Conard,*
1908-1909, 19 vol. pet. in-8, port., br., couv.

> Boule de Suif — Une Vie — La Maison Tellier — Contes de la Bécasse
> — Fort comme la Mort — Toine — Au Soleil — Miss Harriet — Des Vers
> – Mlle Fifi — Sur l'Eau — L'Inutile Beauté — Les Sœurs Rondoli — Notre
> Cœur — La Petite Roque — Le Horla — Le Rosier de Madame Husson —
> Contes du jour et de la nuit — La Vie errante.

535. **Mémoires** d'une contemporaine ou souvenirs d'une femme
sur les principaux personnages de la République, du Consulat, de l'Empire, etc. *Paris, Ladvocat,* 1828, 8 vol. bas.
racine, tr. marb.

536. **Mémoires.** *Paris,* 1866 *et années suivantes,* 7 vol. in-8 et
in-12, br., couv.

> Armand Baschet. La Jeunesse de Catherine de Médicis — Dr Max Bil-
> lard. Les Maris de Marie-Louise — Véritables Mémoires de Marie Mancini
> — Arvède Barine. Louis XIX et la Grande Mademoiselle — Comte Fleury.
> Les Drames de l'Histoire — Georges Price. La Duchesse du Berry à Blaye
> — Charles Henry. Lettres inédites de Mademoiselle Lespinasse.

537. **Ménard** (Louis) Poèmes et Rêveries d'un Païen mistique. *Paris, L'Art Indépendant,* 1895, in-12, br., couv.

538. **MÉNARD** (Louis). Rêveries d'un Païen Mystique. Préface de M. Barrès, portrait gravé à l'eau-forte, par G. Noyon. *Paris, A. Durel,* 1909, pet. in-8, br., couv.

L'un des **200** exemplaires sur **papier vélin** (n° 81). Epuisé.

539. **Mendès** (Catulle). Le Mouvement poétique français de 1867 à 1900. *Paris, Imprimerie Nationale. — E. Fasquelle, Editeur,* 1903, gr. in-8, demi-rel. chag. orange, dos orné, non rog., couv.

Rapport de M. le Ministre de l'Instruction publique et des Beaux-Arts, précédé de Réflexions sur la personnalité de l'Esprit poétique de France, suivi d'un Dictionnaire bibliographique et critique et d'une nomenclature chronologique de la plupart des poètes français du XIXᵉ siècle.

540. **Mendès** (Catulle). Les plus jolies Chansons du pays de France, chansons tendres. Illustrées par Lucien Métivet. *Paris, Plon, Nourrit, s. d.,* pet. in-4, demi-rel. dos et coins chag. bleu, tr. dor., non rog., couv.

541. **Mendès** (Catulle). Les plus jolies Chansons du pays de France. Chansons tendres, choisies par Catulle Mendès. Notées par Emmanuel Chabrier et Armand Gouzien. Illustrées par Lucien Métivet. *Paris, Plon, Nourrit et Cie, s. d.,* in-4, br., couv.

542. **Mendès** (Catulle). Pour lire au bain avec cent cinquante-quatre dessins de Fernand Besnier. *Paris, E. Dentu,* 1884, gr. in-8, cart. dos et coins de mar. bleu, tête dor., non rog., couv.

L'un des **50** exemplaires sur **papier du Japon** (n° 3).

543. **Ménière** (P.). La Captivité de Madame la Duchesse de Berry à Blaye, 1833, Journal du Docteur P. Ménière, publié par son fils le Docteur E. Ménière. *Paris, Calmann Lévy,* 1882, 2 vol. in-8, demi-bas. bleue, tr. jasp.

544. **Ménière** (P.). Les Consultations de Madame de Sévigné, par le Docteur P. Ménière. *Paris, Germer Baillière,* 1862, in-8, cart., tête dor., non rog.

Envoi autographe de l'auteur au professeur Nélaton.

545. **Méray** (Antony). La Vie au temps des cours d'amour, croyances, usages et mœurs intimes des XIe, XIIe et XIIIe Siècles, d'après les chroniques, gestes, jeux-partis et Fabliaux. *Paris, A. Claudin*, 1876, in-8, br., couv.

546. **Méray** (Antony). La Vie au temps des libres prêcheurs ou les devanciers de Luther et de Rabelais, etc., par Antony Méray. *Paris, A. Claudin*, 1878, 2 vol. in-8, br., couv.

547. **Mérimée** (Prosper). Théâtre de Clara Gazul, Comédienne Espagnole. *Paris, H. Fournier*, 1830, in-8, demi-rel. dos et coins de mar. bleu, tête dor., non rog.

Edition originale, complète.

548. **Métivet** (L.). La Belle au Bois-Dormant, Féerie chantée en 19 tableaux lumineux. Poème et Images de Lucien Métivet. *Paris, Flammarion, s. d.*, in-4, obl., fig. col., demi-rel. dos et coins de mar. rouge, têtes dor., non rog., couv. *(Loisellier)*.

549. **Meusy** (Victor). Chansons d'hier et d'aujourd'hui. Illustrations de Rapp — Chansons modernes. Illustrations de Fernand Fau. *Paris, J.-B. Ferreyrol*, 1891, 2 vol. in-12, cart. dos et coins de percal. bleue, non rog., couv. *(Carayon)*.

Exemplaires sur **papier du Japon** (n° 5).

550. **Mezetin**. La Vie de Scaramouche avec une Introduction et des Notes par Louis Moland et un portrait d'après Bonnart par Eug. Gervais. *Paris, Jules Bonnassies*, 1876, pet. in-8, br., couv.

L'un des **266** exemplaires sur **papier de Hollande** (n° 182).

551. **Michelet**. Histoire du XIXe Siècle. Origine des Bonapartes — Jusqu'au 18 Brumaire — Jusqu'à Waterloo. *Paris, Michel Lévy Frères*, 1875-1876, 3 vol. in-8, br., couv.

552. **MICHELET**. Histoire de France. Nouvelle édition, revue et augmentée avec illustrations par Vierge. *Paris, A. Le Vasseur, s. d.*, (1869), 19 vol. in-8, demi-rel. chag. grenat, têtes dor., non rog.

553. **Michelet**. Histoire de la Révolution française. Nouvelle
édition, revue et augmentée. Avec illustrations par Vierge.
Paris, A. Le Vasseur, s. d., (1868), 9 vol. in-8, demi-rel. dos
et coins chag. grenat, têtes dor., non rog.

554. **Michelet**. Jeanne d'Arc (1412-1432), avec dix eaux-fortes
de Boilvin, Boulard, Champollion, Courtry, Géry-Bichard,
Milius et Monziès d'après les dessins de Bida. *Paris, Hachette et Cie*, 1888, in-8, br., couv.

555. **Michelet**. Des Jésuites — Du Prêtre, de la Femme, de la
Famille — Les Soldats de la Révolution — Bible de l'Huma-
nité — Légendes du Nord — Les Femmes de la Révolution
— Le Peuple — La Sorcière — La Femme — Histoire Moderne — Code des Jésuites — Histoire Universelle. *Paris,*
1844 *et années suivantes,* 12 vol. in-12, demi-rel. chag. bleu,
tr. jasp.

556. **Michelet**. L'Oiseau, huitième édition illustrée de 210 Vignettes sur bois dessinées par H. Giacomelli. *Paris, Hachette et Cie,* 1867, gr. in-8, br., couv.

> Premier tirage des illustrations de Giacomelli.

557. **Millaud** (Albert). La Comédie du jour sous la République
Athénienne. Illustrations par Caran d'Ache. *Paris, Plon,
Nourrit et Cie, s. d.*, (1886) gr. in-8, br., couv.

558. **Millaud** (Albert). Physiologies Parisiennes. Illustrations par
Caran d'Ache, Job et Trick. *Paris, Librairie illustrée, s. d.*,
gr. in-8, nomb. fig. dans le texte et planches hors texte, cart.
de l'éditeur, tr. dor.

559. **Millevoye**. Œuvres de Millevoye ; édition publiée avec des
pièces nouvelles et des variantes, par P. L. Jacob, bibliophile.
7 eaux-fortes par Ad. Lalauze. *Paris, A. Quantin,* 1880, 3 vol.
in-8, portr. et fig., br., couv.

> L'un des **100** exemplaires sur **papier de Chine** (n° 100).

560. **Milton**. Cornus, masque de Milton représenté au Château
de Ludlow en 1634 devant John Egerton. Comte de Bridge-
water, traduction littérale *à Paris, de l'Imprimerie de Charles Crapelet,* 1806, in-4, cart.

> Exemplaire sur **papier vélin**.

561. **Mionnet** (T.-E.). De la Rareté et du prix des médailles romaines. *Paris, Testu et Cie, Debure*, 1815, in-8, veau, dos orné, tr. jasp.

562. **Monnier** (Antoine). Le Haschisch. Contes en prose, Sonnets et Poèmes fantaisistes, illustrés de Trente eaux-fortes. Texte et gravures, par Antoine Monnier. *Paris, L. Willem*, 1877, in-4, demi-rel. dos et coins de mar. rouge, tête dor., non rog., couv.

563. **Monnier** (Henry). Scènes populaires dessinées à la plume par Henry Monnier. Nouvelle Edition. *Paris, E. Dentu*, 1879, 2 vol. in-8, demi-rel. mar. citron, non rog., couv.

564. **Monselet** (Charles). Oubliés et Dédaignés. *Paris, Bachelin Deflorenne et Cie*, 1885, in-8, br., couv.

Exemplaire sur **papier de Hollande**.

565. **Montaigne**. Essais précédés d'une étude biographique et littéraire par Alfred Delvau. *Paris, J. Bry aîné*, 1859, in-8, fig., demi-rel. dos et coins de mar. bleu, tête dor., non rog., couv.

566. **Montaigne**. Les Essais de Montaigne réimprimés sur l'édition originale de 1588 avec notes, glossaires et Index par MM. H. Motheau et D. Jouaust et précédés d'une note par M. S. de Sacy de l'Académie française. Portrait gravé à l'eau-forte par Gaucherel. *Paris, Librairie des Bibliophiles*, 1873-1875, 4 vol. in-8, br., couv.

567. **Montesquieu**. Le Temple de Gnide suivi d'Arsace et Isménie, nouvelle édition avec figures d'Eisen et de Le Barbier, gravées par Le Mire. Préface par P. Uzanne. *Rouen, chez J. Lemonnyer*, 1881, gr. in-8, br., couv.

Exemplaire sur **papier de Hollande**.

568. **Montoya** (G.). Les Boers. Ombres et Scenario de L. Bombled. Poèmes de G. Montoya, Musique de J. Mulder. *Paris, Flammarion, s. d.*, in-4, obl., fig. col., demi-rel. dos et coins de mar. rouge, tête dor., non rog. (*Loisellier*).

569. **Monval** (G.). Les Collections de la Comédie Française. Catalogue historique raisonné, préface de Jules Claretie. *Paris, Propagation des Livres d'Art*, in-4, fig., br., couv.

570. **Mouton** (Eugène). Aventures et mésaventures de Joël Kerbabu — Les Vosges merveilleux de Lazare Poban. *Paris, Hachette et Cie*, 1893, 2 vol. gr. in-8, fig., br., couv.

571. **Mouton** (Eugène). Histoire de l'Invalide à la tête de Bois. — Le Squelette homogène. — Le Bœuf. — Le Coq du Clocher. — Illustrations de G. Clairin. *Paris, L. Baschet, s. d.*, in-4, cartonn. de l'éditeur, non rog., couv.

572. **Moynet** (G.). Trucs et Décors. Explication raisonnée de tous les moyens employés pour produire les illusions théâtrales, ouvrage illustré de trente gravures tirées à part et de cent vignettes intercalées dans le texte, d'après les dessins de l'auteur. *Paris, Librairie Illustrée, s. d.*, gr. in-8, demi-rel. mar. La Vall., dos orné, non rog., couv.

573. **Murailles** (Les) révolutionnaires de 1848, 2 vol.— Les Murailles politiques françaises, 2 vol. *Paris, Picard, Le Chevalier*, 1874, 4 vol. in-4, portr. et affiches, cart. dos de toile rouge, têtes dor., non rog.

574. **Murger** (Henry). La Vie de Bohême, illustrée par And. Gill. *Paris, Librairie Illustrée, s. d.*, gr. in-8, fig. coloriées, demi-rel. chag. bleu, tr. jasp.

575. **Musset** (Alfred de). L'Anglais mangeur d'Opium, traduit de l'Anglais et augmenté par A. D. M. Alfred de Musset avec une notice par M. Arthur Heulhard. *Paris, le Moniteur du Bibliophile*, 1878, in-4, couv.

576. **MUSSET** (Alfred de). Œuvres complètes de Alfred de Musset, édition ornée de 28 gravures d'après les dessins de M. Bida, d'un portrait gravé par M. Flameng d'après l'original de M. Landelle et accompagnée d'une note sur Alfred de Musset, par son frère. *Paris, Charpentier*, 1866, 10 vol. in-8, demi-rel. dos et coins de mar. brun, têtes dor., non rog. *(Pougetoux)*.

On y joint : Biographie de Alfred de Musset, sa vie et ses œuvres, par Paul de Musset, in-8, demi-rel. mar. grenat, tête dor., non rog., couv. *(Pouillet)*.

577. **Musset** (Alfred de). Œuvres complètes d'Alfred de Musset, ornées de dessins de Bida et d'un portrait de l'auteur d'après l'original de M. Landelle, gravés en taille douce par les premiers artistes. *Paris, Charpentier*, 1867, 12 fascicules et la suite de gravures, in-4, en feuilles, couv.

> Exemplaire de premier tirage.

578. **Musset** (Alfred de). Illustrations pour les Œuvres de Alfred de Musset. Aquarelles par Eugène Lami. Eaux-fortes par Ad. Lalauze. *Paris, D. Morgand*, 1883, in-4, en feuilles, dans un emboîtage.

> Collection de 60 planches gravées à l'eau-forte, y compris un titre, 4 grands frontispices et une table des sujets.
> Épreuves avec la lettre gravée sur **papier du Japon**.

579. **Musset** (Alfred de). Illustrations pour les Œuvres de Alfred de Musset. Aquarelles par Eugène Lami. Eaux-fortes par Ad. Lalauze. *Paris, D. Morgand*, 1883, in-4, cartonn. de l'Editeur.

> Collection de 60 planches gravées à l'eau-forte, y compris un titre, 4 grands frontispices et une table des sujets.
> Exemplaire sur **papier de Chine**.

580. **Musset** (Paul de). Lui et Elle. *Paris, Charpentier*, 1862, in-12, demi-rel. veau olive, tête dor., non rog.

> Edition originale.

581. **Musset** (Paul de). Voyage pittoresque en Italie, partie septentrionale — partie méridionale et en Sicile. Illustrations de MM. Rouargues frères. *Paris, Morizot*, 1855-1856, 2 vol. gr. in-8, br., couv.

582. **Napoléon**. Poème en dix Chants. *Bruxelles, A. Lacrosse*, 1824, in-8, fig., br., couv.

583. **Navarre** (Edmond). Sous la Charmille. Episodes et récits dramatiques, illustrations de Valentin Foulquier. *Paris, E. Girault et Cie*, 1886, in-8, br., couv.

> Exemplaire sur **papier du Japon** (n° 15).

584. **Nervo** (Baron de). Les Finances françaises sous l'ancienne monarchie, la République, le Consulat et l'Empire. *Paris, Michel Lévy Frères*, 1863, 2 vol. gr. in-8, demi-rel. chag. vert, tr. jasp.

585. **Neymarck** (A.). Colbert et son temps. *Paris, E. Dentu,* 1877, 2 vol. in-8, br., couv.

> Envoi autographe de l'auteur.

586. **Noël** (Eug.). Le Rabelais de Poche, avec un dictionnaire pantagruélique tiré des œuvres de François Rabelais. *Paris, Poulet-Malassis,* 1861, in-12, demi-rel. mar. orange, tête dor., non rog., couv.

587. **Nordenskiold** (A.-E.). La seconde expédition Suédoise au Grónland (L'Inlandsis et la Cote orientale) entreprise aux frais de M. Oscar Dickson, traduite du suédois avec l'autorisation de l'auteur, par Charles Rabot, et contenant 139 gravures sur bois et 5 cartes hors texte. *Paris, Hachette et Cie,* 1888, gr. in-8, demi-rel. dos et coins de chag. brun, tête dor., non rog.

588. **Norvins** (de). Histoire de Napoléon, par M. de Norvins, ornée de portraits, vignettes, cartes et plans. *Paris, A. Dupont et Cie,* 1827-1828, 4 vol. et un atlas in-8, demi-rel. bas. dos ornés, tr. jasp.

589. **Nuits d'épreuve** (Les) des Villageoises Allemandes avant le Mariage. Dissertation sur un usage singulier, traduite de l'Allemand et accompagnée de Notes et d'une Préface par un Bibliophile. *Paris, chez J. Gay,* 1861, in-12 chag. citron foncé, dent. int., tête dor., non rog.

> L'un des **100** exemplaires sur **papier de Hollande** (n° 38).

590. **Ohnet** (G.). Le Maître de Forges. *Paris, Ollendorff,* 1891, gr. in-8, br., couv.

> L'un des **50** exemplaires sur **papier du Japon** (n° 1).
> On y joint la suite des eaux-fortes de Paul Avril en **2 états**.

591. **Ohnet** (G.). Serge Panine, ouvrage couronné par l'Académie française. *Paris, Ollendorff,* 1890, gr. in-8, br., couv.

> On y joint la suite des eaux-fortes de Lalauze en **2 états**.
> L'un des **50** exemplaires sur **papier de Hollande** (n° 90).

592. **Oiseaux des Iles.** 12 planches — Papillons et Fleurs d'après nature — Fleurs, Etudes, 12 planches, etc. *S. l. n. d.,* in-fol., demi-rel. mar. grenat, plats toiles, tr. dor., couv., dans un emboîtage.

> Planches en couleurs.

593. **Olivier** (Jacques). Alphabet de l'Imperfection et malice des femmes, reveu, corrigé et augmenté d'un friand dessert et de plusieurs histoires pour les courtisans et partisans de la femme mondaine. *A Paris, chez A. Barraud*, 1876, pet. in-8, fig., demi-rel. dos et coins de mar. citron, tête dor., non rog., couv. illust.

L'un des **300** exemplaires sur **papier de Hollande** (n° 46).

594. **Olivier** (Jacques). Alphabet de l'Imperfection et malice des Femmes. *Paris, A. Barraud*, 1876, pet. in-8, fig., br., couv. illust.

L'un des **300** exemplaires sur **papier de Hollande** (n° 182).

595. **Orléans** (Duc Ch. d'). Poésies publiées sur le manuscrit de la Bibliothèque de Grenoble et accompagnées d'une préface historique, de notes et d'éclaircissements littéraires par Aimé Champollion-Figeac. *Paris, Belin-Leprieur et Colomb de Ba-tines*, 1842, in-12, br., couv.

596. **Oukhtomsky** (Pce E. E.). Voyage en Orient, Grèce, Egypte, Inde, de son Altesse Impériale le Césarevitch, 1890-1891. Illus-tré de 178 Compositions de N.-N. Karazine. *Paris, Ch. Dela-grave*, 1893, in-fol., cartonn. de l'éditeur, tête dor., non rog.

597. **Ouville** (Sieur d'). L'Elite des Contes, avec une préface et des notes par G. Brunet. *Paris, Librairie des Bibliophiles*, 1883, 2 vol. gr. in-8, br., couv.

L'un des **200** exemplaires sur **papier de Hollande** (n° 102).

598. **Papiers et Correspondance** de la Famille Impériale. Piè-ces saisies aux Tuileries. *Paris, Imprimerie Nationale*, 1870-1871, 24 livraisons, in-8, en feuilles, couv.

La 16° livraison manque.

599. **Papin** (H.). Les Etapes de la Chanson. Histoire pittoresque de la Chanson à travers les âges. *Paris, H. Lachize*, 1898, in-8 carré, fig., br., couv.

Exemplaire sur **papier de Hollande**.

600. **PARIS A TRAVERS LES AGES,** aspects successifs des Monuments et Quartiers historiques de Paris depuis le XIIIe

siècle jusqu'à nos jours, fidèlement restitués d'après les documents authentiques par M. F. Hoffbauer, architecte. Texte par MM. Ed. Fournier, Paul Lacroix, A. de Montaiglon, A. Bonnardot, J. Cousin, Franklin, Valentin Dufour, etc. *Paris, F.-Didot et Cie*, 1875-1882, 2 tom. en 14 fasc. in-fol., nombr. grav. sur bois, planches en chromolithographie et plans de restitution à différentes époques, en feuilles dans des cartons.

601. **Paris** (Ouvrages sur). *Paris, 1875 et années suivantes*, 6 vol. in-12, cart. demi-chag.

> Isaac de Bourges. Description des monuments de Paris — A. du Mont-Royal. Les glorieuses antiquités de Paris — M. de la Rochemaillet. Théâtre de la Ville de Paris — Estienne Cholet. Remarques singulières de Paris — Guillot. Le Dit des rues de Paris — Ed. Fournier. Histoire de la Butte des Moulins.

602. **Paris** (Ouvrages sur). *Paris, Quantin*, 1879-1883, 4 vol. in-8, demi-rel. chag. rouge, ornés, non rog.

> A. Thevet. La Grande et Excellente Cité de Paris — M. de Marolles. Paris ou Description de cette Ville — F. de Belleforest. L'Ancienne et grande Cité de Paris — Munster. Plan de la Cité de Paris.

603. **Parnassiculet Contemporain** (Le). Recueil de vers nouveaux, précédé de l'Hôtel du Dragon bleu et orné d'une très étrange eau-forte. Deuxième édition. *Paris, Librairie Centrale*, 1872, in-12, br., couv. vél.

> Exemplaire sur **papier vergé de Hollande.**

604. **Parny** (E.). OEuvres d'Evariste Parny. Poésies érotiques — Les Déguisements de Vénus — Le Paradis perdu — Les Rose-croix — La Guerre aux Dieux. *A Paris, chez Debray*, 1808, 5 vol. pet. in-12, cart. dos et coins bas., tr. jaunes.

605. **Parodie du Juif-Errant.** Complainte constitutionnelle en dix parties, par Charles Philipon et Louis Huart. 300 vignettes par Cham. *Paris, Aubert et Cie, s. d.*, in-12, demi-rel. mar. vert, tête dor., non rog.

606. **Pascal** (Blaise). Texte primitif des Lettres provinciales de Blaise Pascal, d'après un exemplaire in-4 (1656-1657) où se trouvent des corrections en écriture du temps. Edition contenant, outre ces corrections, toutes les variantes des éditions postérieures. *Paris, Hachette et Cie*, in-4, portr., demi-rel. dos et coins de mar. rouge, tête dor., non rog.

607. **Perrot** (F.-A.). Promenade au Pont de Bateaux. Réimpression avec réponses inédites d'un avis au sexe de Rouen sur la promenade au Pont, par F.-A. Perrot (de Paris). Avec introduction et frontispice à l'eau-forte par Jules Adeline. *Rouen, E. Augé*, 1881, in-8, texte encadr., en feuilles dans un carton.

> L'un des **125** exemplaires sur **papier de Hollande** (n° 125).
> Envoi autographe de M. Adeline.

608. **Perrot** (G.) et Ch. **Chipiez**. Histoire de l'Art dans l'antiquité. Tome I. *Paris, Hachette et Cie*, 1882, in-4, fig., br., couv.

609. **Pezay** (Marquis de). Zélis au bain, poème en quatre chants par le Marquis de Pezay. Réimpression sur l'édition de Genève, s. d. *Paris, Ed. Rouveyre*, 1882, in-8, fig. demi-rel. dos et coins de mar. olive, tête dor., non rog.

> L'un des **518** exemplaires sur **papier Seychall Mill** (n° 371).

610. **PICARD** (L.-B.). Répertoire du Théâtre Français avec des Commentaires, des Remarques, etc. *A Paris, chez F.-A. Dupral*, 1826, 2 tomes en 4 vol. in-8, portr., veau rose, dos ornés, ornem. à froid sur les plats, tr. marb. (*Rel. de l'époque*).

611. **Piedagnel**. Jadis. Souvenirs et Fantaisies avec six eaux-fortes de M. Marcel d'Aubépine. *Paris, I. Liseux*, 1886, in-8, br., couv.

> L'un des **350** exemplaires sur **papier de Hollande** (n° 27).

612. **Piron**. Œuvres inédites de Piron (Prose et vers). Accompagnées de lettres également inédites adressées à Piron, par Mlles Quinault et de Bar. *Paris, Poulet-Malassis et de Broise*, 1859, in-8, demi-rel. mar. La Vall., tête dor., non rog.

613. **Piton** (C.). Histoire de Paris, topographie, mœurs, usages, origines de la haute bourgeoisie parisienne — Le Quartier des Halles avec 300 illustrations, portraits et plans, préface, par A. Lamouroux. *Paris, Rothschild*, 1891, in-8, fig., br., couv.

614. **Plutarque**. Les Vies des hommes illustres de Plutarque, traduites du grec, par Amyot, avec des notes et des observations par MM. Brotier et Vauvilliers. Nouvelle édition, revue,

corrigée et augmentée, par E. Clavier. *A Paris, de l'Imprimerie Cussac an IX* (1801-1805), 25 vol. in-8, fig. veau, jasp.,
dos ornés, tr. marb.

615. **Poë** (Edgar). Mille et deuxième nuit, conte inédit d'Edgar
Poë, illustré par André Gill. *Paris, s. d.*, in-4, cartonn. de
l'éditeur.

616. **POÈTES DU XVIIIe SIÈCLE** (Petits). Publiés avec
notices bibliographiques, par Octave Uzanne. *Paris, Quantin*, 1879-1886, 12 vol. pet. in-8, portraits et vignettes à l'eau-
forte, fac-similés d'autographes, demi-rel. dos et coins de
mar. de diverses couleurs, têtes dor., non rog., couv.

> Collection complète.
> Joseph Vadé — Piron — Bertin — Desforges-Maillard — Lattaignant —
> Gilbert — de Bernis — Gresset — Gentil-Bernard — Malfilâtre — Le Chev.
> Bonnard — Boufflers.

617. **Poètes du XVIIIe Siècle** (Petits). *Paris, A. Quantin*,
1879-1886, 12 vol. pet. in-8, portr. et fig. br., couv., étui.

> Collection complète.
> J. Vadé — A Piron — Bertin — Desforges-Maillard — Lattaignant —
> de Bernis — Gilbert — Gresset — Gentil-Bernard — Malfilâtre — Bon-
> nard — Boufflers.

618. **Pogge Florentin.** Les Facéties de Pogge Florentin, traduites en Français avec le texte en regard. *Paris, I. Liseux*,
1878, 2 vol. in-16, br., couv.

> L'un des **700** exemplaires sur **papier de Hollande** (n° 360).

619. **Ponthieu** (Amédée de). Légendes du Vieux Paris. Ornées
d'une composition de M. James Walker. Photographiée, par
M. Richebourg. *Paris, Bachelin-Deflorenne*, 1867, in-12, cart.
dos de mar. La Vall., non rog., couv.

620. **Pontsevrez.** Les deux Existences de Khalil. *Paris,
Quantin*, 1895, in-16, br., couv., fig. de Louis-Edouard Fournier, grav. à l'eau-forte, par Charles Deblois.

> L'un des **25** exemplaires sur **papier du Japon** (n° 28), avec les eaux-
> fortes, en **3 états**.

621. **Popelin** (Cl.). Cinq Octaves de Sonnet, par Claudius Popelin. *Paris, Al. Lemerre*, 1875, gr. in-8, texte encadré, br.,
couv.

622. **Poulot** (Denis). Question sociale. Le Sublime ou le Travailleur comme il est en 1870 et ce qu'il peut-être. *Paris, Librairie Internationale,* 1870, in-8, demi-rel. mar. grenat, non rog., couv.

> Volume fort curieux, dont Emile Zola s'est beaucoup servi pour son « Assommoir ».

623. **Poytiers** (Diane de). Lettres inédites publiées d'après les manuscrits de la Bibliothèque impériale, avec une introduction et des notes, par Georges Guiffrey. *A Paris, chez la Veuve J. Renouard,* 1866, gr. in-8, portr., demi-rel. dos de mar. bleu, orné, tête dor., non rog.

> Envoi autographe de G. Guiffrey.

624. **Prescott** (William H.). Histoire de la Conquête du Mexique avec un tableau préliminaire de l'ancienne civilisation mexicaine et la vie de Fernand Cortès, publiée en français, par Amédée Pichot. *Paris, Firmin-Didot Frères Fils et Cie,* 1863, 3 vol. in-8, cart. dos et coins de percal. rose foncé, non rog., couv.

625. **Privat d'Anglemont** (A.). Paris Anecdote — Paris Inconnu. Dessins à la plume, par J. Belon et Floindre. *Paris, P. Rouquette,* 1885-1886, 2 vol. in-8, br., couv. illust.

626. **Programmes Illustrés** (Les) des Théâtres et Cafés-Concerts, Menus, Cartes d'Invitation, petites Estampes. *Paris, Per Lamm, s. d.,* in-4, cart. dos de percal., tête dor., non rog.

> On y joint quelques livraisons.

627. **Proudhon** (P.-J.). Jésus et les origines du Christianisme. Préface et manuscrits inédits classés par Clément Rochel. *Paris, G. Havard Fils,* 1890, in-8, br., couv.

> Exemplaires sur **papier de Hollande**.

628. **Proust** (Marcel). Les Plaisirs et les Jours. Illustrations de Madeleine Lemaire, préface d'Anatole France, et quatre pièces pour piano de Réynaldo Halm. *Paris, Calmann Lévy,* 1896, in-4, cart. dos de percal., têtes dor., non rog., couv.

629. **Quatrelles.** Légende de la Vierge de Münster. Illustrations par Eug. Courboin. *Paris, Charpentier, s. d.,* gr. in-8, cart. de l'éditeur, tr. rouges.

63o. **Quesnay de Beaurepaire** (Alfred). L'Ane des Korrigans, suivi des Bateaux noirs de Belle-Isle. Ouvrage illustré de 3o compositions par l'auteur, gravées par Ch.-G. Petit. *Paris, Firmin-Didot et Cie,* 1894, in-4, br., couv. illust.

63r. **Rabaut-Saint-Etienne.** Œuvres précédées d'une Notice sur sa Vie, par M. Collin de Plancy. Edition ornée d'un portrait. *Paris, chez Laisné Frères,* 1826, 2 vol. in-8, cart., non rog.

632. **Rabelais.** Œuvres de Rabelais, collationnées pour la première fois sur les éditions originales, par Burgaud des Marets et Rathery. Seconde édition revue et augmentée. *Paris, Firmin-Didot Frères, Fils et Cie,* 1872-1873, 2 vol. in-8, br., couv.

633. **Rabelais.** Les Songes drolatiques de Pantagruel, reproduction fac-similé du texte et des 120 planches de l'édition originale. Paris, R. Breton ; augmentée d'un portrait authentique de Rabelais et d'une notice bibliographique, par M. Paul Lacroix. *Genève, chez Gay et Fils,* 1868, in-8, demi-rel. dos et coins, mar. bleu, dos orné, tête dor., non rog.

634. **Racine** (Louis). La Religion et la Grâce, poèmes par Louis Racine. *Paris, L. De Bure,* 1826, in-16, portr. veau vert foncé, dos orné, fil. dor. et ornem. à froid sur les plats, dent. int., tr. dor. *(Rel. de l'époque).*

635. **Raffaëlli.** Les Types de Paris. Texte par E. de Goncourt, A. Daudet, E. Zola, A. Proust, Rob. de Bonnières, H. Gréville, Guy de Maupassant, P. Bourget, J. Richepin, et autres. Dessins de J.-F. Raffaëlli. *Paris, Plon et Cie, s. d.,* in-4, fig. dans le texte et planches hors texte en héliogravure et en couleurs, demi-rel. dos et coins de mar. La Vall., dos orné, tête dor., non rog.

636. **Raffaëlli.** Les Types de Paris. Texte par E. de Goncourt. A. Daudet, E. Zola, A. Proust, Rob. de Bonnières, H. Gréville, Guy de Maupassant, P. Bourget, J. Richepin et autres,

dessins de J.-F. Raffaëlli. *Paris, Plon et Cie, s. d.*, in-4, fig. dans le texte et planches hors texte en héliogravure et en couleurs, br., couv.

637. **Rapineide** (La) ou l'atelier poème Burlesco-comiquo tragique en 7 chants, par un ancien rapin. *Paris, Barraud*, 1870, pet. in-8, front. et fig. percal. grise, non rog., couv. illust.

L'un des **140** exemplaires sur **papier de Hollande** (n° 10).

638. **Rattazzi** (Mme). Rattazzi et son temps. Documents inédits. Correspondance — Souvenirs intimes. *Paris, E. Dentu*, 1881-1887, 2 vol. in-8, br., couv.

639. **Rayet** (O.) et M. **Collignon**. Histoire de la Céramique Grecque. *Paris, G. Decaux*, 1888, gr. in-8, fig., demi-rel. dos et coins de chag. violet, dos orné, tête dor., non rog., couv.

640. **Rebell** (Hughes). La Clef de Saint-Pierre. Ballet en cinq actes et huit tableaux. Frontispice de Armand Rassenfosse. Illustrations de MM. Henry Detouche, Andhré des Gachons, Joseph Sattler et Ulm. *Paris, Bibliothèque artistique et littéraire*, 1897, in-4, br., couv.

Edition originale.

641. **Rebell** (Hughes). Union des Trois Aristocraties. *Paris, Bibliothèque artistique et littéraire*, 1894, in-12, br., couv.

Edition originale, avec la couverture.

642. **Recueil de Pièces rares et facétieuses**, anciennes et modernes, en vers et en prose, remises en lumière pour l'esbattement des Pantagruélistes, avec le concours d'un bibliophile. *Paris, A. Barraud*, 1872-73, 4 vol. pet. in-8, titre r. et n., fig. et vign., cart. dos de chag. vert, têtes dor., non rog.

L'un des **150** exemplaires sur **papier Whatman**.

643. **Recueil de Pièces rares et facétieuses**, anciennes et modernes, en vers et en prose, remises en lumière pour l'esbattement des Pantagruélistes, avec le concours d'un bibliophile. *Paris, A. Barraud*, 1871-73, 4 vol. pet. in-8, titre r. et n., fig. et vign., demi-rel. dos et coins de chag. grenat poli, dos ornés, tête dor., non rog.

L'un des **300** exemplaires sur **papier vergé** (n° 152), avec les figures avant la lettre.

644. **Redonnel** (P.). Les Chansons Eternelles. Nouvelle édition, illustrée. *Paris, Bibliothèque artistique et littéraire,* 1898, in-4, br., couv.

L'un des **500** exemplaires sur **papier vélin** (n° 516).

645. **Régamey** (F.). Okoma. Roman japonais illustré, d'après le texte de Takizava-Bakïn et les dessins de Chignenoï. *Paris, E. Plon et Cie,* 1883, in-4, fig., dos et plats recouverts de soie, tr. rouge.

646. **Registre Criminel** de la Justice de Saint-Martin-des-Champs à Paris, au XIV° Siècle, publié par L. Tanon. *Paris, L. Willem,* 1877, in-8, fig., br., couv.

L'un des **330** exemplaires sur **papier de Hollande** (n° 73).

647. **Régnier.** Œuvres. Édition Louis Lacour — Quelques pièces tirées du Parnasse satirique. *Paris, Librairie des Bibliophiles,* 1867, 2 vol. in-8, br., couv.

Exemplaires sur **papier de Hollande.**

648. **Reibell** (Commandant). Le Commandant Lamy, d'après sa correspondance et ses souvenirs de Campagne (1858-1900) avec un portrait en héliogravure et onze cartes accompagnant le texte. *Paris, Hachette et Cie,* 1903, gr. in-8, br., couv.

649. **Reiber** (Emile). Les Propos de la Table de la Vieille Alsace. Illustrés de tout au long de Dessins originaux des anciens Maîtres Alsaciens. *Imprimé à Paris par R. Engelmann,* 1886, in-4, dos en veau gaufré, plats en bois, fermoirs, tête dor., non rog., couv.

L'un des **600** exemplaires sur beau **papier des Vosges,** à la forme (n° 479).

650. **Renan** (Ernest). Histoire du Peuple d'Israël, 5 vol. — Saint Paul, avec une carte des voyages de Saint Paul — Les Apôtres. *Paris, Calmann-Lévy,* 1889-1894, 7 vol. in-8, demi-rel. mar. orange, têtes dor., non rog., couv.

651. **Répertoire Maçonnique** contenant les noms de 30.000 Francs-Maçons de France et des Colonies relevés dans les archives de l'association antimaçonnique de France. *Paris, Association antimaçonnique de France, s. d.,* in-8, br., couv.

652. **Rétif de la Bretonne.** Le Paysan perverti. *Bruxelles, H. Kistemœckers*, 1886, 3 vol. in-8, br., couv.

653. **Rétif de la Bretonne.** La Vie de mon Père, réimprimé sur la troisième édition (Paris 1788). *Paris, I. Liseux*, 1884, in-8, br., couv.

L'un des **200** exemplaires sur **papier de Hollande** (nº 28).

654. **Revon** (Michel). Étude sur Hoksaï. *Paris, Lecène, Oudin et Cie*, 1896, gr. in-8, br., couv.

655. **Reybaud** (Louis). Etudes sur les Réformateurs ou socialistes modernes. *Paris, chez Guillaumin*, 1844, 2 vol. in-8, percal. La Vall., non rog.

656. **Reybaud** (Louis). Jérôme Paturot à la recherche d'une position sociale et politique. *Paris, Paulin*, 1845, 3 vol. in-8, demi-rel. veau fauve, tr. jasp. (*Rel. de l'époque*).

Edition originale.

657. **Richepin** (Jean). Les Blasphèmes, avec un portrait de l'auteur par E. de Liphart. *Paris, Dreyfous*, 1884, in-4, br., n. c., couv.

L'un des **350** exemplaires sur **papier vélin.**

658. **Richepin** (Jean). Les Blasphèmes — La Glu — Madame André — Le Pavé. *Paris, M. Dreyfous.* 1883-1887, 4 vol. in-12, fig., demi-rel. dos chag. grenat, têtes dor., non rog., couv.

659. **Richepin** (Jean). Le Flibustier, comédie en vers en trois actes — Le Chemineau, drame en cinq actes en vers — Monsieur Scapin, comédie en vers en trois actes — Vers la Joie. conte bleu en cinq actes, en vers — La Martyre, drame en cinq actes en vers. *Paris*, 1886, *et années suivantes*, 5 vol. in-8, br., couv.

Editions originales.

660. **Richepin** (Jean). La Mer. *Paris, M. Dreyfous*, 1886, in-4, br., couv.

L'un des **450** exemplaires sur **papier vélin** (nº 53).

661. **Rictus** (Jehan). Cantilène du Malheur. Pointe sèche de Steinlen. *Paris, Severs et Rey*, 1902, in-8, br., couv.

    L'un des **150** exemplaires sur **papier du Japon** (n° 121) avec la pointe sèche de Steinlen en **2 états**.

662. **Rimmel** (Eug.). Le Livre des Parfums par Eugène Rimmel. Illustrations de A. de Neuville, Duhousset, Chéret, etc. *Paris, E. Dentu, s. d.*, gr. in-8, br., couv.

663. **Riotor** (Léon) et **Léofanti.** Les Enfers bouddhiques avec trois préfaces de E. Renan, Ledrain, Fouceaux. Vignettes, têtes de Chapitres, Frontispice, douze planches en couleurs hors texte, dessinés à la plume de roseau par les Japonais Pha et Ly. *Paris, Chamuel*, 1895, in-4, cartonn., dos de percal. verte, non rog., couv.

664. **Rivière** (Henri). Tentation de Saint-Antoine. Féerie à grand spectacle en 2 actes et 40 tableaux. *Paris, Plon, Nourrit, s. d.*, in-4 obl., fig. col., demi-rel. dos et coins de mar. rouge, etc., tête dor., non rog., couv. (*Loisellier*).

665. **Robida.** Le Capitaine Bellormeau. Illustrations par l'auteur. *Paris, A. Collin*, 1900, gr. in-8, fig. col. en feuilles, couv.

666. **Robida.** Le Cœur de Paris. Splendeurs et Souvenirs. Texte, Dessins et Lithographies, par A. Robida. *Paris, Librairie illustrée, s. d.*, in-4, demi-rel. dos et coins de mar. vert olive, tête dor., non rog., couv.

667. **Robida.** Le XIXe siècle. Texte et dessins. *Paris, G. Decaux*, 1888, in-4, demi-rel. dos et coins de mar. rouge, dos orné, tête dor., non rog., couv. (*Pouillet*).

668. **Robida.** Exposition universelle de 1900. Le Vieux Paris. Etudes et Dessins originaux. *Paris, Imp. Lemercier, s. d.*, in-fol. en feuilles dans le cartonn. de l'éditeur.

    4 chromolithographies en couleurs et 44 lithographies en noir de **A.** Robida.

669. **Robida.** La Grande Mascarade Parisienne — Voyages très extraordinaires de Saturnin Farandoul. Texte et dessins de A. Robida. *Paris, Librairie Illustrée, s. d.*, 2 vol. gr. in-8, fig., demi-rel. mar., non rog.

670. **Robida**. La Tour enchantée. Texte et dessins de Robida. *Paris, Ch. Tallandier, s. d.*, in-4, cartonn. de l'éditeur.

> On y joint : Le Voyage de M. Dumollet par Robida. *Paris, s. d.*, gr. in-8, cartonn. de l'éditeur.

671. **Robida**. La Vie électrique. Texte et Dessins. *Paris, Librairie Illustrée, s. d.*, in-4, demi-rel. dos et coins de mar. rouge, dos orné, tête dor., non rog., couv. (*Pouillet*).

672. **Robida**. La Vie électrique. Texte et dessins par A. Robida. *Paris, A la Librairie Illustrée, s. d.*, in-4, nombr. fig., br., couv.

673. **Robiquet** (Paul). Theveneau de Morande, étude sur le XVIIIe siècle, Portrait et 5 planches hors texte. *Paris, A. Quantin*, 1882, in-12, br., couv.

> L'un des **50** exemplaires sur **papier de Chine** (n° 38) avec le portrait et les figures en 2 états.

674. **Rochas** (Albert de). Les Sentiments, la Musique et le Geste. *Grenoble, Falque et Perrin*, 1900, in-4, pap. vél., nombr. illustrations dans le texte et planches hors texte en couleurs, br., couv. impr. en couleurs avec une composition par Mucha, emboîtage.

675. **Rodocanachi**. Boccace poète, conteur, moraliste, homme politique. Ouvrage illustré de 6 planches hors texte. *Paris, Hachette et Cie*, 1908, gr. in-8, br., couv.

676. **Rœdel**. Fantaisie sur les mois dessinées et lithographiées par Rœdel. *Paris, Imprimé par Belfond*, 1895, pet. in-fol. en feuilles dans un emboîtage.

> Tiré à **100** exemplaires (n° 46).

677. **Roger-Milès**. Les Veillées Noires. *Paris, Ollendorff*, 1889, in-4, br., couv.

678. **Rolland** (R.). Beethoven, décoré de douze gravures de Perrichon, d'après Laurens, Perrichon, etc. *Paris, Ed. Pelletan*, 1909, in-8, br., couv.

679. **Roman** (Le) de Berte aux grands pieds renouvelé par Raphaël Perié. *Paris, Hachette et Cie*, 1900, in-12, br., couv.

> Exemplaire sur **papier de Hollande**.

68o. **Rosny** (J.-H.). Printemps Parfumé. Roman Coréen. Traduction de J.-H. Rosny. Illustrations de Marold et Mitts. *Paris, E. Dentu*, 1892, in-16, br., couv.

Exemplaire sur **papier de Chine**.

681. **Roosevelt** (Président Th.). Chasses et Parties de Chasse—
New-York — La Vie au Rancho. — *Paris, Dujarric et Cie,
Juven*, 1903, 3 vol. in-12, demi-rel. chag. La Vall., non rog.,
couv.

682. **Rousseau** (J.-J.). Les Confessions. Nouvelle édition illustrée de quatre vingt seize compositions, par Maurice Leloir,
gravées à l'eau-forte par les premiers artistes. Préface de Jules Claretie. *Paris, H. Launette et Cie*, 1889, 2 vol. in-4, pap.
vél., titre r. et n., demi-rel. dos et coins de mar. grenat, têtes
dor., non rog., couv. *(Bretault)*.

683. **Rousselet** (Louis). L'Inde des Rajahs. Voyage dans l'Inde
centrale et dans les présidences de Bombay et du Bengale.
Deuxième édition contenant 317 gravures sur bois, dessinées
par nos plus célèbres artistes et 6 cartes. *Paris, Hachette et
Cie*, 1877, gr. in-4, mar. chag. r., fers spéciaux, tr. dor.

684. **Sade** (Mis de). Dorci ou la Bizarrerie du Sort. Conte inédit
par le Mis de Sade, publié sur le manuscrit, avec une notice
sur l'auteur. *Paris, Charavay Frères*, 1881, in-12, front.
gravé par Charpentier, br., couv.

L'un des **250** exemplaires sur **papier de Hollande** (n° 123).

685. **Sade** (Mis de). Idée sur les Romans, publiée avec préface, notes et documents inédits, par Octave Uzanne. *Paris,
Ed. Rouveyre*, 1878, in-12, br., couv.

Exemplaire sur **papier de Hollande**.

686. **Sahib**. La Marine. Croquis humoristiques marins et navi-
res anciens et modernes. Ouvrage illustré de 200 dessins dans
le texte et de huit aquarelles hors texte. *Paris, Jouvet et Cie*,
1890, in-4, demi-rel. dos et coins de chag. rouge, tête dor.,
non rog.

687. **Sahib**. La Frégate l'Incomprise, Voyage autour du Monde.
Paris, L. Vanier, 1882, in-4, fig., cartonn. de l'éditeur, tr.
dor., couv.

688. **Saint-Juirs.** Le Cabaret des Trois Vertus. Illustrations de Daniel Vierge gravées par Clément Bellanger. *Paris, L. Baschet, s. d.,* in-4, br., couv.

689. **Saint-Juirs.** La Seine à travers Paris, illustrée de 230 dessins et de 17 compositions en couleurs par G. Fraipont. *Paris, Launette et Cie,* 1890, gr. in-8, br., couv. illust.

690. **Saint-Lambert.** Poésies de Saint-Lambert. Nouvelle édition. *Paris, L. de Bure,* 1826, in-16, portr., veau violet, dos orné, fil. et ornem. dor., dent. int., tr. dor. *(Rel. de l'époque).*

691. **Saint-Michel et le Mont Saint-Michel,** par Mgr Germain, M. l'abbé Brin et Ed. Corroyer. Ouvrage illustré d'une photogravure, de quatre chromolithographies et de deux cents gravures. *Paris, Firmin-Didot et Cie,* 1880, gr. in-8, cart. dos de mar. rouge, dos orné, plats toile avec ornem. dor., tr. dor.

692. **Saint-Pierre** (Bernardin de). Paul et Virginie. Illustrations de Maurice Leloir. *Paris, A. Launette et Cie,* 1888, gr. in-8, pap. vél., cartonn. soie de l'éditeur, tête dor., non rog.

693. **SAINTE-BEUVE.** Livre d'Amour. *Paris,* 1843, in-8, mar. bleu, dos orné, encadrem. de fil. et de feuillage sur les plats, dent. int., tr. dor. sur broch. (*Meunier*).

> Reproduction intégrale de l'édition originale à 13 exemplaires sur **papier vélin** (n° 13).

694. **SAINTE-BEUVE.** Livre d'Amour, préface par Jules Troubat. *Paris, A. Durel,* 1904, pet. in-8, br., couv.

> L'un des **450** exemplaires numérotés à la presse sur **papier vélin d'Arches** (n° 381).
> On y joint : **Michaud.** Études sur Sainte-Beuve. *Paris, Fontemoing,* 1905, pet. in-8, br., couv.
> **Michaud.** Le Livre d'Amour de Sainte-Beuve. *Paris, Fontemoing,* 1905, pet. in-8, br., couv.
> **Gustave Simon.** Le Roman de Sainte-Beuve. *Paris, Ollendorff,* 1906, pet. in-8, br., couv.

695. **Sallé** (Al.). Vie politique du Maréchal Soult. *Paris, Champion,* 1834, in-8, cart. dos bas., tr. marb.

696. **SAND** (George). **Les Beaux Messieurs de Bois-Doré.** Illustrations d'Adrien Moreau, gravées sur bois par Brauer,

Froment, Hamel, Méaulle, Rousseau et Thomas. *Paris, E. Testard*, 1892, 2 vol. gr. in-8, br., couv. illust.

> Exemplaire tiré sur **papier de Chine** contenant :
> 1° la suite des 10 grandes compositions de Adrien Moreau, gravées à l'eau-forte par Boulard, Géry-Bichard et Vion, préface par F. Sarcey, en **4 états** dont l'eau-forte pure avec remarques sur Chine collé.
> 2° le **tirage à part** de tous les bois tirés sur Chine.
> La Préface de F. Sarcey est sur **papier du Japon**.
> Manque le tirage à part du bois du second plat de la couverture du tome 2.

697. **Sand** (George). La Marquise. *Paris, Calmann-Lévy*, 1888, in-12, fig., cart., demi-rel. dos et coins de mar. rouge, dos orné, tête dor., non rog., couv.

> Exemplaire sur **papier Whatman**, auquel on a ajouté la suite du portrait de G. Sand et des vignettes de Baugnies publ. par L. Conquet.

698. **Sand** (George). Pauline. *Paris, Magen et Comon*, 1841, in-8, demi-rel. dos et coins mar. rouge, dos orné, tête dor., non rog. (*Thierry*).

699. **Sand** (Maurice). Raoul de la Chastre, aventures de guerre et d'amour. *Paris, Michel Lévy Frères*, 1865, in-8, br., couv.

> Edition originale.

700. **Sarah-Bernhardt**. Dans les Nuages, impressions d'une chaise. Illustré par G. Clairin. *Paris, Charpentier, s. d.*, pet. in-4, demi-rel. dos et coins de mar. bleu, tête dor., non rog.

701. **Sarcey** (Francisque). Théâtres divers, notices par F. Sarcey. Portraits d'Artistes gravés à l'eau-forte par L. Gaucherel et Ad. Lalauze. *Paris, Librairie des Bibliophiles*, 1884, gr. in-8, br., couv.

702. **Satyre Ménippée** de la Vertu du Catholicon d'Espagne et de la tenue des Estats de Paris, augmentée de notes et d'un commentaire historique, littéraire et philologique, par Ch. Nodier. *A Paris, chez N. Delangle*, 1824, 2 vol. gr. in-8, fig., demi-rel. cuir de Russie, tête dor., non rog.

703. **Sardou** (Victorien). Fernande, pièce en quatre actes, en prose — Séraphine, comédie en cinq actes. *Paris, Michel Lévy Frères*, 1869-1870, 2 vol. in-8, cart. dos et coins de percal. verte, non rog.

> Edition originale.

704. **Saulière** (Auguste). Ce qu'on n'ose pas dire. Eaux-fortes et Vignettes de Henry Somm. *Paris, E. Dentu,* 1884, in-12, br., couv.

Exemplaire sur **papier de Chine**, avec les figures en **2 états**.

705. **Saulière** (Auguste). Les Solutions conjugales, dix eaux-fortes par Henry Somm. *Paris, Librairie de l'eau-forte,* 1876, in-8, demi-rel. dos et coins mar. orange foncé, tête dor., non rog.

Envoi autographe de l'auteur.

706. **Scarron.** Le Roman comique, nouvelle édition illustrée de 350 compositions par Edouard Zier. *Paris, Launette et Cie,* 1888, in-4, demi-rel. dos et coins de mar. La Vall., dos orné, tête dor., non rog., couv. *(A. Cuzin).*

707. **Schiller.** Œuvres. Poésies — Théâtre (3 vol.) — Œuvres historiques (2 vol.) — Mélanges — Esthétique. Traduction nouvelle par Ad. Régnier. *Paris, Hachette et Cie,* 1868, 8 vol. in-8, portr., demi-rel. chag. rouge, têtes dor., non rog.

708. **Schmit** (J.-P.). Les Deux Miroirs. Contes pour tous. Illustrations de MM. Gavarni, C. Nanteuil, Français, Schlesinger, J.-P. Schmit, de Beaumont, Bertrand (de Chalon). *Paris, A. Royer,* 1844, gr. in-8, demi-rel. chag. bleu, plats toile, tr. dor.

709. **Scholl** (Aurélien). Denise. Aquarelles de Grivaz, gravées par Arents. *Paris, Rouveyre et Blond,* 1884, in-8, pap. de Holl., demi-rel. mar. orange, non rog., couv. illust.

710. **Scholl** (Aurélien). Denise. *Paris, Ed. Rouveyre et G. Blond,* 1884, in-8, fig., br., couv.

Exemplaire sur **papier de Hollande**, avec les aquarelles de Grivaz, gravées par Arents.

711. **Schultz** (J.). La Neuvaine de Colette. Illustrations par Emile Bayard. *Paris, E. Plon-Nourrit et Cie, Calmann-Lévy,* s. d., in-4, en feuilles dans un cartonn., couv.

L'un des **40** exemplaires sur **papier du Japon** (n° 9).

712. **SCOTT** (Walter). Œuvres. *Paris, Firmin-Didot et Cie,* 1881 *et années suivantes,* 20 vol. gr. in-8, nombreuses fig., demi-rel. dos et coins de chag. rouge, dos ornés, têtes dor., non rog.

713. **Séché** (L.). Alfred de Musset — Correspondance d'Alfred de Musset (1827-1857) — Lamartine, Elvire et les Méditations. *Paris, Mercure de France*, 1905-1907, 4 vol. in-8, fig., br., couv.

Exemplaires sur **papier de Hollande.**

714. **Séché** (L.). Sainte-Beuve : Son Esprit, ses Idées, ses Mœurs avec Portraits et documents inédits. *Paris, Mercure de France.* 1904, 2 vol. in-8, br., couv.

L'un des **10** exemplaires sur **papier de Hollande** (n° 10).

715. **Secres** (*sic*) **des Dames.** Ce sont les Secres des Dames deffendus à révéler. Publiés pour la première fois d'après des mss. du XVIᵉ siècle. Avec des fac-simile, une introduction, des notes et un appendice par les Dʳˢ Al. C*** et Ch.-Ed. C***. *Paris, Rouveyre*, 1880, pet. in-8, goth., br., couv.

Tiré à 342 exemplaires numérotés (n° 329). — L'un des 300 sur papier vergé.

716 **Shakespeare** (W.). Gallerie zu Shakespeare's dramatischen Werken. In Unirissen erfunden und gestochen von Moritz Retzsch. *Leipzig, E. Fleischer, s. d.*, 8 livraisons en 2 vol. in-4, obl. fig., demi-rel. dos de chag. La Vall., tr. marb.

717. **Shounsoui** (J.). Les Fidèles Ronins, roman historique japonais, par Tamenaga Shounsoui ; traduit sur la version anglaise de MM. Saito et Edward Grecy, par B.-H. Gausseron, illustré par Kei-Sai Yei-Sen, de Yédo. *Paris, Quantin*, 1882, in-4 anglais, cart. cuir japonais, non rog., couv.

L'un des **50** exemplaires tirés sur **papier du Japon** (n° 4), auquel on a ajouté **2 lettres autographes** du traducteur.
Exemplaire d'Octave Uzanne avec son ex-libris.

718. **Sienkiewicz** (H.). Quo Vadis, roman des temps néroniens traduction de B. Kozakiewicz et J.-L. de Janey. Edition du Jubilé. *Paris, Revue Blanche*, 1901, in-8, portr., br., couv.

Edition du Jubilé.

719. **Silvestre** (Armand). Chemin de Croix. 12 poëmes religieux ornés de lithographies par Etienne Moreau Nélaton. *Paris, Flammarion, s. d.*, in-4, obl., fig., demi-rel. dos et coins de mar. rouge, tête dor., non rog., couv. *(Loisellier).*

720. **Simon** (Jules). Mignet, Michelet, Henri Martin — Thiers, Guizot, Remusat — Dieu, Patrie, Liberté. *Paris, Calmann-Lévy,* 1883-1889, 3 vol. in-8, br. couv.

721. **Simonin** (L.). La Vie Souterraine ou les Mines et les Mineurs. Ouvrage illustré de 160 gravures sur bois de 30 cartes tirées en couleur et de 10 planches imprimées en chromolithographie. *Paris, L. Hachette et Cie,* 1867, gr. in-8, demi-rel. chag. vert, plats toile, tr. dor.

722. **Société** de l'Histoire de Paris et de l'Ile de France. *Paris, H. Champion,* 1896-1905, 6 vol. gr. in-8, br., couv.

> Lettres de M. de Marville (3 vol.). — Documents parisiens du Règne de Philippe de Valois (2 vol.), — Documents sur les Imprimeurs, Libraires, etc., par Ph. Renouard.
> On y joint : Mémoires de la Société de l'Histoire de Paris et de l'Ile de France, tomes 30, 32, 33, 34, 35 ; 5 vol. et un lot de numéros du bulletin.

723. **Soleil** (F.). Les Heures Gothiques et la Littérature pieuse aux XVe et XVIe Siècles. Frontispice à l'eau-forte par Aveline. Vingt-quatre reproductions fac-similés. Six dessins originaux d'Antoine Duplais-Destouches. *Rouen, E. Augé,* 1882, in-8. br., couv.

724. **Sottisier de Voltaire** (Le) publié pour la première fois d'après une copie authentique faite sur le manuscrit autographe conservé au musée de l'ermitage à Saint-Pétersbourg, avec une préface. *Paris, Librairie des Bibliophiles,* 1880, in-8, portr. cart. dos et coins de mar. bleu, tête dor., non rog., couv. (*Durvand*).

> L'un des **300** exemplaires sur **papier de Hollande** (n° 106).

725. **Soulary** (J.). La Chasse aux Mouches d'Or. *Lyon, Scheuring,* 1876, pet. in-8, br., couv.

> Exemplaire sur **papier de Hollande**.

726. **Stanley** (H.-M.). Cinq années au Congo, 1879-1884. Voyages. Explorations. Fondations de l'état libre du Congo, traduit de l'anglais par Gérard Harry. Ouvrage illustré de 100 gravures sur bois et de 4 cartes en couleur dont une carte murale dressée par H. M. Stanley. *Paris, M. Dreyfous, s. d.,* in-4, demi-rel. mar. citron foncé, dos orné non rog., couv.

727. **Strauss** (D. F.). Nouvelle Vie de Jésus, traduite de l'Allemand par A. Nefftzer et Ch. Dollfus. *Paris, Librairie Internationale, s. d.*, 2 vol. in-8, demi-rel. chag. La Vall., tr. jasp.

728. **SUITES DE FIGURES** publiées par *Jouaust, Lemerre, Willem, Morizot,* etc., pour illustrer les œuvres de Beaumarchais — Molière — Daudet — Cervantès — La Fontaine — B. de Saint-Pierre — Longus — Swift — A. de Musset — Louvet de Couvray — Richepin — Gresset, etc., etc. (*Ce numéro sera divisé*).

729. **Sully-Prudhomme.** Poésies de Sully-Prudhomme, 1865-1888. *Paris, Al. Lemerre*, 1889, 5 vol. in-16, demi-rel. dos et coins de mar. bleu, dos ornés, fil., tr. dor., non rog., couv. (*Champs*).

730. **Swift.** Voyages de Gulliver, traduction nouvelle et complète par B.-H. Gausseron, illustrations de V.-A. Poirson. *Paris, Quantin, s. d.*, gr. in-8, gravures imprimées en aquarelles de six à dix tons de couleurs, cartonn. de l'éditeur, tête dor., non rog., couv.

731. **Sylvestre** (A.). Floréal. Illustrations de G. Cain. Préface de Jules Claretie. Musique de J. Massenet. *Paris, Ch. Delagrave, s. d.*, gr. in-4, br., couv.

Envoi autographe de l'auteur et de l'illustrateur.

732. **Tacite.** Œuvres complètes de Tacite, traduction nouvelle avec le texte en regard, des variantes et des notes, par J.-L. Burnouf. *Paris, Hachette et Cie*, 1831-1833, 6 vol. in-8, demi-rel. mar. vert, têtes dor., non rog.

On y joint : Collections de portraits pour les Œuvres de Tacite, tels que Médailles, Camées, Bustes et Statues par P. Bouillon, peintre, avec des Notices explicatives. *Paris, Hachette*, 1827, in-4, demi-rel. mar. vert, tr. jasp., couv.

733. **Taine.** Carnets de Voyage — Essai sur Tite-Live (2 exemplaires 1° 1856 2° 1896) — La Fontaine et ses Fables. *Paris, Hachette et Cie*, 1856-1903, 4 vol. in-12, br., couv.

734. **Taine.** De l'Intelligence. *Paris, Hachette et Cie*, 1870, 2 vol. in-8, br.

Edition originale, avec les couvertures.

735. **Taine**. Essais de critique et d'histoire. — Derniers essais de critique et d'histoire — Nouveaux essais de critique et d'histoire — Notes sur l'Angleterre. *Paris, Hachette et Cie,* 1872-1904, 4 vol. in-12, br., couv.

736. **Taine**. Essais de critique et d'histoire — Nouveaux essais de critique et d'histoire — Derniers essais de critique et d'histoire — De l'Intelligence (2 vol.). *Paris, Hachette et Cie,* 1896-1897, 5 vol. in-12, demi-rel. dos et coins de mar. vert, têtes dor., non rog. (*Maillet*).

737. **Taine**. Notes sur Paris, Vie et Opinions de M. Frédéric-Thomas Graindorge. *Paris, Hachette et Cie,* 1867, in-8, br., couv.

> Edition originale, avec la couverture.

738. **TAINE. Les origines de la France contemporaine.** L'Ancien Régime — Le Régime moderne, 2 vol. — La Révolution, 3 vol. *Paris, Hachette et Cie,* 1887-1894, 6 vol. in-8, br., couv.

> Rare.

739. **Texier**. Tableau de Paris, ouvrage illustré de quinze cents gravures. *Paris, Paulin et Le Chevalier,* 1852, in-fol., cartonn. de l'éditeur.

740. **Théâtres de Paris** (Les). Notices et Portraits, texte par une société de gens de lettres, dessins par Eustache Lorsay, lithographiés par Collette. *Paris, Ed. Biendiné et Cie, s. d.* (1855), in-4, cartonn. dos et coins de percal., non rog.

741. **Théâtre du Peuple**. *Paris,* 1897 *et années suivantes,* 6 vol. in-8, cartonn. dos de percal., têtes dor., non rog., couv.

> **Maurice Pottecher**. Liberté, le Lundi de la Pentecôte. — L'héritage. — Chacun cherche son trésor. — Le Diable marchand de Goutte. — Le Sotré de Noël. — Morteville.

742. **Théâtre**. *Paris, Michel Lévy Frères, Eug. Fasquelle,* 1862-1897, 5 vol. in-8, cartonn. demi-percal., non rog., couv.

> Editions originales.
> Edmond About. Gaëtan 1862 — Edmond Gondinet. Christiane 1872 (envoi autographe de l'auteur) — Fr. Ponsard. Le Lion Amoureux, 1866 — George Sand. L'Autre 1870 — Silvestre. Tristan de Léonois 1897.

743. **Theuriet** (André). Bouquet de Fleurs. Illustrations (en couleurs) de Emile Monchau. *Paris, A. Ferroud, s. d.* (1908), pet. in-4, texte encadré, br., couv. illust. en coul.

744. **Theuriet** (André). Le Secret de Gertrude, illustré de soixante-quinze compositions, par Emile Adan, eaux-fortes gravées par A. Boulard. *Paris, H. Launette et Cie.— G. Boudet, succ*. 1890, gr. in-8, demi-rel. dos et coins de mar. rouge, tête dor., non rog., couv. (*Paynant*).

745. **Theuriet** (André). Le Secret de Gertrude, illustré de soixante-quinze compositions par Emile Adan, eaux-fortes gravées par A. Boulard. *Paris, A. Launette et Cie. — G. Boudet, succ*, 1890, gr. in-8, br., couv.

746. **Thierry** (Augustin). Histoire de la Conquête d'Angleterre par les Normands. Cinquième édition. *Paris, Just. Tessier,* 1838, 4 vol. in-8, demi-rel. bas. verte, tr. jasp.

747. **Thoumas** (Général). Autour du Drapeau (1789-1889). Campagnes de l'Armée Française depuis cent ans. Deux cents illustrations, par L. Sergent. *Paris, A. Le Vasseur et Cie, s. d.* (1889), in-4, demi-rel. dos et coins de mar. rouge, tête dor., non rog., couv.

748. **Tillier** (Louis) et Paul **Bonnetain**. Histoire d'un Paquebot. 100 dessins d'après Nature. *Paris, Quantin, s. d.,* pet. in-4, cart. demi-percal. vert olive, non rog., couv.

749. **Tocqueville** (Alexis de). Souvenirs. *Paris, Calmann-Lévy,* 1893, in-8, portr. cart. demi-percal. verte, non rog.

   On y joint : Correspondance entre Alexis de Tocqueville et Arthur de Gobineau. *Paris, Plon-Nourrit et Cie,* 1909, in-12, br., couv.

750. **Touchard-Lafosse**. Chroniques de l'Œil-de-Bœuf. *Paris, J. Rouff, s. d.,* 8 vol. in-12, demi-rel. chag. vert foncé, têtes jasp., non rog.

751. **Touchatout**. Histoire de France tintamarresque depuis les temps les plus reculés jusqu'à nos jours. Illustrée par G. Lafosse avec le concours de MM. Draner, A. Gill, P. Hadol, A. Le Petit, Robida, etc. *Paris, aux Bureaux du Journal L'Eclipse,* 1872, gr. in-8, demi-rel. dos et coins de chag. bleu, tête dor., non rog.

752. **Touchatout**. Le Trombinoscope, dessins de G. Lafosse. *Paris, aux Bureaux de l'Eclipse*, 1872, 4 vol. gr. in-8, demi-rel. dos et coins de chag. rouge, tête dor., non rog.

753. **Touchatout**. Le Trocadéroscope, revue tintamarresque de l'Exposition Universelle. Dessins de Alfred Le Petit. *Paris, chez tous les Libraires*, 1878, gr. in-8, cart. toile rouge, non rog.

754. **Toussenel** (A.). L'Esprit des bêtes illustré, par Emile Bayard, Gœthe. — Le Renard illustré, par Kaulbach. *Paris, Hetzel*, 1867, 2 ouvrages en 1 vol. gr. in-8, cart. demi-percal. rouge, tête jasp., non rog.

755. **Toussenel** (A.). L'Esprit des Bêtes. *Paris*, 1848, in-8. — Le Monde des Oiseaux, ornithologie passionnelle. *Paris, Librairie phalanstérienne*, 1853-55, 3 vol. in-8, portr. Ens. 4 vol. in-8, demi-rel. chag. vert, dos ornés, non rog., couv.

756. **Toussenel** (A.). Tristia. Histoire des Misères et des Fléaux de la Chasse de France. *Paris, E. Dentu*, 1863, in-12, br., couv.

757. **Tressan** (Comte de). Jehan de Saintré, Gérard de Nevers, Regner Lodbrog, Robert. Edition ornée de gravures, d'après les dessins de M. Colin. *Paris, Nepveu, Aimé-André*, 1822, in-8, demi-rel. dos et coins de chag. bleu, tête dor., non rog.

Portrait ajouté.

758. **Ulbach** (Louis). Suzanne Duchemin. *Bruxelles*, 1856, 2 vol. in-16, mar. bleu, dos ornés fil. et dent. sur les plats, dent. int., tr. dor.

Exemplaire provenant de la bibliothèque de Louis Ulbach.

759. **Uzanne** (O.). Le Bric-à-Brac de l'Amour. — Le Calendrier de Vénus — Les Surprises du Cœur. *Paris, Rouveyre*, 1879-1881, 3 vol. pet. in-8, fig., br., couv.

Exemplaire sur **papier de Hollande**.

760. **UZANNE** (O.). Correspondance de Madame Gourdan, dite la petite comtesse, pour servir à l'histoire des mœurs du siècle et principalement de celles de Paris. Nouvelle édition

augmentée de lettres inédites, de notes, suivie de la description de sa maison et des diverses curiosités qui s'y trouvent, et précédée d'une étude. Causerie sur les sérails du XVIIIe Siècle, par O. Uzanne. *Bruxelles, Kistemaeckers,* 1883, in-8, demi-rel. dos et coins de mar. vert, dos orné, mosaïqué de mar. rouge, fil. tête dor., non rog., couv. *(Champs).*

> L'un des **15** exemplaires tirés sur **papier du Japon**.contenant l'eau-forte en **4 états** avec remarques.
> **8 lettres autographes** de l'éditeur ayant rapport à la fabrication du livre.
> Exemplaire de M. Octave Uzanne avec son ex-libris.

761. **Uzanne** (O.). Correspondance de Madame Gourdan, dite la petite Comtesse. Etude. Causerie sur les Sérails du XVIIIe Siècle. *A Bruxelles, chez H. Kistemaeckers,* 1883, in-8, fig., br., couv.

> Exemplaire sur **papier vergé de Hollande**.

762. **Uzanne** (O.). Le Paroissien du Célibataire. Observations physiologiques et morales sur l'état du célibat. Illustrations de Alb. Lynch, gravées à l'eau-forte par E. Gaujean. *Paris, Librairies-Imprimeries réunies,* 1890, gr. in-8, br., couv.

763. **Uzanne** (O.). Visions de Notre Heure. Choses et gens qui passent, notations d'art de littérature et de vie pittoresque. *Paris, A. Floury,* 1899, in-8, format agenda, br., couv.

764. **Uzès** (La Duchesse). Le Voyage de mon Fils au Congo. Illustrations de Riou. *Paris, Librairie Plon,* 1895, gr. in-8, br., couv.

765. **Vadé**. La Pipe Cassée, poème épitragipoissardihéroi-comique. *Paris, Th. Belin, s. d.,* pet. in-8, cart., couv. illust.

> Exemplaire sur papier vergé avec les illustrations de E. Mesplès.

766. **Valla** (Laurens). La Donation de Constantin. Premier titre du pouvoir temporel des Papes, traduite en français pour la première fois et précédée d'une Etude historique par Alcide Bonneau. Avec le texte latin. *Paris, I. Liseux,* 1879, in-16, mar. rouge jans., dent. int., tête dor., non rog.

> Exemplaire sur **papier vergé**.

767. **Vallès** (Jules). La Rue. Paris pittoresque et populaire. N° 1 (Juin 1867) au N° 31 (28 Décembre 1867), en un vol. gr. in-4, cart. dos de percal., non rog.

768. **Vallès** (Jules). La Rue. Samedi 29 Novembre 1879 au 28 Décembre 1879. *Paris*, 1879, gr. in-fol., cart. dos de toile La Vall., non rog.

769. **Vallet** (L.). Le Chic à Cheval. Histoire pittoresque de l'Equitation. Préface de M. Henri Lavedan. Ouvrage illustré de plus de 300 gravures dont 50 en couleurs d'après les dessins de l'auteur. *Paris, Firmin-Didot et Cie*, 1891, in-4, demi-rel. dos et coins de chag. grenat, tête dor., non rog.

770. **Vaulabelle** (A. de). Histoire des deux Restaurations. *Paris, Garnier Frères*, 1874, 10 vol. in-8, demi-rel. chag. vert, tête dor., non rog.

771. **Vaux** (Bon de). Les Duels célèbres, préface par Aurélien Scholl. *Paris, E. Rouveyre et G. Blond*, 1884, in-8, fig., cart. dos de bas., tête dor., non rog., couv.

> L'un des **15** exemplaires sur **papier de Chine** (n° 12).
> On y joint : Comte du Verger Saint-Thomas. Nouveau Code du Duel. *Paris, É. Dentu et Cie*, 1887, in-8, demi-rel. chag. vert, tr. jasp.

772. **Vaux** (Bon de). Légende de Montfort-la-Cane, racontée par le Bon L. V. D. de Vaux et dessinée par Paul Chardin. *Paris, E. Leroux et Cie*, 1886, in-4, br., couv.

773. **Veber** (P.). Les Veber's, les Veber's, les Veber's. *Paris, E. Testard*, 1895, gr. in-8, fig., demi-rel. dos et coins de mar. rouge, tête dor., non rog., couv.

> Le texte humoristique de Pierre Veber est illustré de plus de 400 compositions par Jean Veber.

774. **Veber's.** La Joviale. Comédie, par les Veber's. *Paris, A. Simonis Empis*, 1896, gr. in-8, nombr. illustrations dans le texte, demi-rel. dos et coins de mar. rouge, tête dor., non rog., couv. impr. en couleurs.

775. **Vento** (Claude). Les Grandes Dames d'aujourd'hui. Illustrations de Saint-Elme Gautier. *Paris, E. Dentu*, 1886, in-8, mar. rouge jans., dent. int., tr. dor., étui.

776. **Verlaine** (P.). Amour — Bonne Chanson — Elégies — Fêtes Galantes Jadis et Naguère — Liturgies Intimes — Odes en son Honneur — Parallèlement — Poèmes Saturniens — Les Poètes Maudits — Romances sans paroles — Sagesse — Les Uns et les Autres. *Paris, Léon Vanier*, 1888-1894, 13 vol. in-12, br., couv.

777. **Veuillot** (Louis). Les Odeurs de Paris. *Paris, Palmé*, 1867, in-8, cart. demi-percal. verte, non rog., couv.

> Edition originale.

778. **Viennet**. Promenade philosophique au cimetière du P. La Chaise. *Paris, Ponthieu*, 1824, in-8, fig., cart., non rog.

779. **Vigny** (A. de). Cinq-Mars ou une Conjuration sous Louis XIII. *Paris, Delloye et Lecou*, 1838, 2 vol. in-8, br., couv.

> Sixième édition, augmentée de Réflexions sur la vérité dans l'Art, de notes historiques et de documents inédits.

780. **VIGNY** (A. de). **Œuvres complètes**. Poèmes — Cinq-Mars — Servitude et Grandeur militaires — Théâtre — Stello. *Paris, A. Delloye et V. Lecou*, 1837-1838, 7 vol. in-8, demi-rel. veau bleu, tr. jasp. (*Rel. de l'époque*).

781. **Vigny** (A. de). Poèmes Antiques et Modernes. *Paris, Delloye, et Lecou*, 1837, in-8, br., couv.

782. **Villars** (P.). L'Angleterre, l'Ecosse et l'Irlande. Ouvrage illustré de 4 cartes et 600 gravures. *Paris, Quantin, s. d.*, gr. in-8, pap. vél., br., couv. en chromotypographie.

783. **Ville-Hardouin** (Geoffroy de). Conquête de Constantinople, avec la continuation de Henri de Valenciennes. Texte original, accompagné d'une traduction par Natalis de Wailly. *Paris, Firmin-Didot et Cie*, 1874, in-4, demi-rel. dos et coins de mar. rouge, dos orné, tête dor., non rog.

784. **Villiers de l'Isle-Adam** (Comte de). Axël — Elen — Isis — Morgane — Premières Poésies — La Révolte. *Paris, 1870-1900*, 6 vol. in-8 et in-12, br., couv.

785. **Villiers de l'Isle-Adam** (Comte de). Histoires souveraines. *Bruxelles, E. Deman*, 1899, gr. in-8, pap. vergé teinté, dans le cartonn. de l'éditeur, non rog., couv.

786. **Villiers du Terrage** (Bon Marc de). Les Dernières Années de la Louisiane Française. 64 Illustrations, 4 cartes. *Paris, Guilmoto, s. d.*, gr. in-8, br., couv.

787. **Villiot** (Jeanne de). En Virginie, épisode de la guerre de sécession précédé d'une étude sur l'esclavage et les punitions corporelles en Amérique. *Paris, Charles Carrington*, 1901, in-8, fig., demi-rel. chag. bleu, non rog.

> Exemplaire sur **papier vergé de Hollande**.

788. **Virgile**. L'Enéide traduite par Jacques Delille. *Paris, chez Giguet et Michaud*, 1804, an VII, 4 vol. in-16, fig., demi-rel. dos et coins de chag. brun, têtes dor., non rog.

> Édition ornée de 4 figures de Moreau, gravées par Baquoy, **épreuves avant la lettre**.

789. **Vitu** (Auguste). Paris. 450 Dessins inédits d'après nature. *Paris, Quantin, s. d.*, in-fol., cart. de l'éditeur, tête dor., non rog.

790. **Vivien** (L.). Histoire de Napoléon, du Consulat et de l'Empire. *Paris, E. et V. Penaud Frères, s. d.*, 2 vol. gr. in-8, gravures en couleurs, demi-rel. chag. bleu, tr. jasp.

791. **Voltaire**. La Pucelle d'Orléans, poème en vingt-et-un chants. *Rouen Lemonnyer*, 1880, 2 vol. pet. in-8, fig., br., couv.

> L'un des **150** exemplaires sur **papier Whatman** (n° 92), avec un portrait et 21 vignettes.

792. **Vuillier** (Gaston). Plaisirs et Jeux, depuis les origines. 279 planches et vignettes d'après les Peintures, Estampes et Dessins originaux, 19 héliogravures, frontispice d'après une aquarelle de l'auteur. *Paris, J. Rothschild*, 1900, in-4, pap. vél. teinté, titre r. et n., br., couv.

793. **Vuillier** (Gaston). La Tunisie, illustrée par l'Auteur, *Tours, A. Mame et Fils*, 1896, in-4, nombr. fig., dans le texte et planches hors texte en noir et en couleurs, br., couv.

794. **Wagner** (Richard). La Tétralogie de l'anneau du Niebe-
ling, publiée avec l'autorisation spéciale de la Maison B.
Schott's, Sohne Editeurs. *Paris, E. Dentu*, 1894, in-8, br.,
couv.

795. **Wallon** (H.). La Révolution du 31 Mai et le Fédéralisme
en 1793 ou la France vaincue par la Commune de Paris. *Paris, Hachette et Cie*, 1886, 2 vol. in-8, br., couv.

796. **Wey** (Francis). Rome, description et souvenirs. Ouvrage
contenant 346 gravures sur bois, dessinées par nos plus célèbres artistes et un plan de Rome. *Paris, Hachette et Cie*,
1872, in-4, demi-rel. chag. bleu, dos orné, plats toile, fers
spéciaux, tr. dor. (*Rel. de l'éditeur*).

797. **Willis** (N. P.). L'Amérique pittoresque ou vues des terres,
des lacs et des fleuves des Etats-Unis d'Amérique. Ouvrage
enrichi de gravures faites sur les dessins de Bartlett. Traduit de l'anglais par L. de Bauclas. *Londres, G. Wihtne*, 1840,
2 vol. in-4, mar. vert, dos ornés, large dent. sur les plats,
dent. int., tr. dor. (*Petit*).

798. **Yriarte** (Ch.). Paris grotesque, les Célébrités de la Rue.
Illustrations par MM. L'Hernault, Lix, etc. *Paris, Dupray de
la Mahérie*, 1864, gr. in-8, demi-rel. mar. bleu, dos orné, tête
dor., non rog.

Envoi autographe de l'auteur.

799. **Zola**. L'Œuvre de Zola. 32 simili-aquarelles par H. Le-
bourgeois. *Paris, Bernard et Cie*, 1898, 2 séries in-8, en
feuilles, couv.

800 à 850. **Sous ces Numéros, il sera vendu séparément, et
par lots, environ 1200 volumes anciens et modernes
non catalogués.**

ORDRE DES VACATIONS

PREMIÈRE VACATION. — **Lundi 23 Mai 1910.**

Numéros . . . . 110 à 339

DEUXIÈME VACATION. — **Mardi 24 Mai.**

Numéros . . . . 340 à 568

TROISIÈME VACATION. — **Mercredi 25 Mai.**

Numéros . . . . 569 à 799

QUATRIÈME VACATION. — **Jeudi 26 Mai.**

Livres anciens . . . . 1 à 110
Ouvrages en lots . . . . 800 à 850